ハイチ革命の世界史

——奴隷たちがきりひらいた近代

浜　忠雄
Tadao Hama

岩波新書
1984

はじめに――ハイチ革命を見る眼

本書の執筆を始めて間もない二〇二一年夏にハイチの報道が二つ続いた。一つは七月七日に起こったジョブネル・モイーズ大統領暗殺事件。もう一つは八月一四日に南西部の都市レカイ周辺を襲ったマグニチュード七・〇の大地震。報道は、新型コロナ・パンデミック、東京オリンピック・パラリンピック、「百年に一度の」西日本豪雨災害、アフガニスタンでの政変などの陰で目立たなかったが、政情不安や劣悪な国民生活などの困難な国状を伝えるものだった。暗殺や地震もそうだが、日本でハイチが報道されるのは、エイズ、麻薬、ボートピープル、ハリケーン、クーデタ、ギャング、誘拐など、ほとんどが負のイメージだった。「ハイチはどんな国か」を説明するときには、「世界初の黒人共和国」と「西半球の最貧国」の二つがキーフレーズになるのだが、近年は「世界初の黒人共和国」の方は後景に退いている。

本書が着目するのは「世界初の黒人共和国」誕生の歴史、「ハイチ革命」である。

ハイチの建国史を略述することから始めよう。

ハイチはカリブ海のほぼ中央に位置するイスパニョラ島の西側にあって(島の東側はドミニカ

共和国)、一八〇四年にフランスから独立した小国(北海道の三分の一ほどの面積)である。

一四九二年一二月六日、コロンブス到着後にスペイン領となったが、一六七〇年には、ここに進出したフランスがサン=ドマング Saint-Domingue と命名し、黒人奴隷の導入を許可した。ルイ一四世時代のアウクスブルク同盟戦争(一六八九―一六九七年)後に締結されたライスワイク条約(一六九七年)で島の西側三分の一が割譲されてフランス領の植民地となった。

大西洋黒人奴隷貿易によってこの地に連行された、アフリカ人の奴隷労働によるプランテーションで生産された砂糖やコーヒーが、一八世紀中葉に世界最大のシェアを占めて、フランスに巨大な富をもたらしたことから、「カリブ海の真珠」と呼ばれた。

一七九一年八月、自由を求める北部州の奴隷たちが蜂起し、トゥサン・ルヴェルチュールらを指導者とする一二年余におよぶ激しい闘いの過程で先駆的な奴隷解放を実現、さらにナポレオンが奴隷制の再建を目論んで派遣した精鋭軍隊を破って、一八〇四年一月一日に「フランスを永遠に放棄し、フランスの支配下で生きるよりは死を選ぶことを誓約する」と宣言し、殺戮や過酷な労働、疫病などによってスペイン領時代の一六世紀中葉にはほぼ絶滅させられた先住民タイノ・アラワク人の言葉で「山の多いところ」を意味する「ハイチ Haiti」を国名とした。

ハイチは西半球でアメリカ合衆国に次ぐ二番目の、ラテンアメリカ・カリブ海地域では最初の独立国であり、一八〇六年には共和制をしいて「世界初の黒人共和国」となった。一七九一年に始まり一八〇四年の建国に帰結した奴隷解放と独立の運動を総称して「ハイチ革命」という。

ハイチの国旗と国章についても説明しよう(図0-1)。

建国以来ハイチ国旗は何度も変わったが、現在の国旗は一九八六年に制定されたものである。上が紺、下が赤の横二分割旗で、紺は黒人、赤は黒人と白人の混血であるムラートというように、国民の肌の色を表している。ムラート **mulato** はスペイン語またはポルトガル語で、フランス語ではミュラートル **mulâtre** という。どちらも雌馬と雄ロバをかけ合わせたラバを意味するムラ **mula**、ミュール **mule** から派生した語で、侮蔑的な意味を含んでいる。そのため使用を避けたいところだが、現在では侮蔑的な意味を込めずに多用されて、定着しているため、本書でも本来の語義を弁《わきま》えたうえでムラートと表記している。

図 0-1　ハイチの国旗と国章

国旗の中央にある国章には、古代ローマの時代から「自由」「解放」のシンボルとされ、フランス革命においてもさかんに用いられたフリジア帽を載せた椰子の木、表面と裏面に計一二本の国旗、大砲、砲弾、ドラム、ラッパ、錨、千切られた鎖などが描かれ、下段の白いリボンにはフランス語で〈L'UNION FAIT LA FORCE〉(リュニオン・フェ・ラ・フォルス。団結は力なり)と書かれている。この国章は、奴隷解放と独立が激しい闘いをとおして達成された歴史、つまり「ハイチ革命」を表現しているのである。

ここで、筆者のハイチ史との出会いと研究の軌跡について触れたい。

第二次世界大戦中の一九四三年に生まれ、封建制の遺制が残る時代に育った筆者は、「自由と民主主義の祖国」とされたフランスに憧れを抱いていた。大学では幸い、フランス革命史家の遅塚忠躬《ちづかただみ》先生(一九三二—二〇一〇年)の指導を受けることができた。卒業論文では、フランス革命の一翼を担った農民たちは革命に何を求め、何が得られたのかを調べて「フランス革命期の農民＝土地問題」にまとめた。

大学院修士課程では、一転して対外貿易について調べ、フランス革命から一世紀下った「ジュール・メリーヌの保護関税制度」をテーマにした。大急ぎでまとめた粗雑な論文だったが、絶えず念頭にあったのは、同じように「古典的な市民革命」を経験したイギリスに比べて、フランスの資本主義発展が遅れたのはなぜか、ということだった。

博士課程に進学後、一八世紀から一九世紀初頭の対外貿易について調べていくなかで、植民地とくにカリブ海の黒人奴隷制植民地サン＝ドマング産の砂糖やコーヒーが絶大な比重を占めていたこと、そのサン＝ドマングが一八〇四年に独立して植民地帝国から離脱したために、対外貿易の構造は劇的な変化を遂げ、そのことがフランスの資本主義の展開を規定する一つの要因になったことが分かった。

また、フランス革命議会が一七九四年にフランス領植民地の黒人奴隷制を廃止したことも初めて知った。そこで、黒人奴隷制廃止の経緯を追跡するために、革命議会の議事録『アルシーヴ・パルルマンテール』を読むことに没頭した。

博士課程の標準的な就学年数の二倍になる六年間の研究を精魂込めてまとめたのが、初の査読論文「フランス革命の植民地問題――黒人奴隷制の廃止をめぐる論争」(『歴史学研究』四一九号、一九七五年)である。その結論は次のようなものだった。

黒人奴隷制の廃止は「人権宣言」からの論理必然的な帰結として自動的になされたのではない。一七九一年八月に始まるサン＝ドマングの黒人奴隷自身による解放運動の展開が一大転機となった。黒人奴隷制の史上最初の廃止は、ほかならぬ支配と抑圧のもとにおかれた黒人奴隷たちを担い手とする一大民衆革命の所産として実現された。

そして、論文の末尾では「つぎに問われるべきは、黒人の解放・独立のための主体がいかに形成されたか、これであろう」と書いた。こうして、その後の研究はフランス史からハイチ革命を中心とするハイチ史へとシフトした。今からかれこれ五〇年前のことである。

以来、日本では研究が空白だったハイチ史の細部まで分け入り、ハイチ革命へと収斂《しゅうれん》する「解放主体」形成を可能にする諸条件を探る仕事を進めた。また、フランス社会のなかで植民地問題がどのように議論され、認識されていたのかも探求した。

具体的には第一に、フランスの啓蒙思想家たち、とくにギヨーム＝トマ・フランソワ・レナール(一七一三―一七九六年)の『両インド史』(正式には『東西両インドにおけるヨーロッパ人の建設と通商に関する哲学的・政治的歴史』初版一七七〇年)を読むこと。第五章で詳しく触れるが、黒人奴隷を解放へと導く「けっしてクラッススにまみえることのない新しいスパルタクス」の出現を待望し予見する論が書かれていることに注目した。

第二に、フランスの民衆が黒人奴隷制や植民地をどう見ていたのかを調べること。

第三に、講義のレパートリーを増やす必要から始めた「子どもの歴史」や「フランス革命の女性史」のなかで発見した、オランプ・ドゥ・グージュの『女性と女性市民の権利宣言』(一七九一年)と戯曲『黒人の奴隷制、別名、幸いなる難破』(一七八九年に「コメディ・フランセーズ」で初演)の研究にも取り組んだ。

それらの研究を進める過程では、否応なく、苦難に満ちたハイチの現状にも着目することになった。以下には、総務省統計局『世界の統計』やユニセフ『世界子供白書』などから得られる統計数値を列挙する(二〇〇八―二〇一八年)。
・平均寿命　六四・一歳(日本は八四・三歳)
・満五歳未満の死亡率　一〇〇〇人当たり六五人(日本は二人)
・平均就学年数　五・四年(日本は一五・四年)
・一五歳以上の非識字率　五五%(日本は一%)
・安全な飲料水を利用できる人口　五八%(日本は一〇〇%)
・トイレのある人口　二八%(日本は一〇〇%)
・人間開発指数　〇・四八三(日本は〇・九二〇)

最後の人間開発指数は、「国際連合開発計画」(United Nations Development Programme)が、「長寿で健康な生活」「知識へのアクセス」「人間らしい生活の水準」という三つの基本的な指標に着目して、人間開発の達成度を示すものである。ハイチの国際順位は国連加盟一九三カ国中一六三位で、人間開発低位国に属する(山岡加奈子編『ハイチとドミニカ共和国』)。

ハイチの歴史家ミシェル＝ロルフ・トゥルイヨは『過去を沈黙させる――権力と歴史の生産』(一九九五年)で、「ハイチ革命は起こったと考えることさえできない特異な性格をもって歴史に登場した」と書いている。ハイチ革命は「権力」によって「実際にはなかったこと non-event」とされ「沈黙」させられた、ということである。些細な出来事だったからではない。「沈黙」させ封印しなければならないほど重大だったのである。

本書は、反レイシズム・反黒人奴隷制・反植民地主義という三つの性格を併せ持ったハイチ革命と、そのような来歴を経て誕生したハイチが辿った歴史、そして、ハイチ革命から見えてくる世界史像の探求を主題としている。『ハイチ革命の世界史――奴隷たちがきりひらいた近代』と題した所以である。

目　次

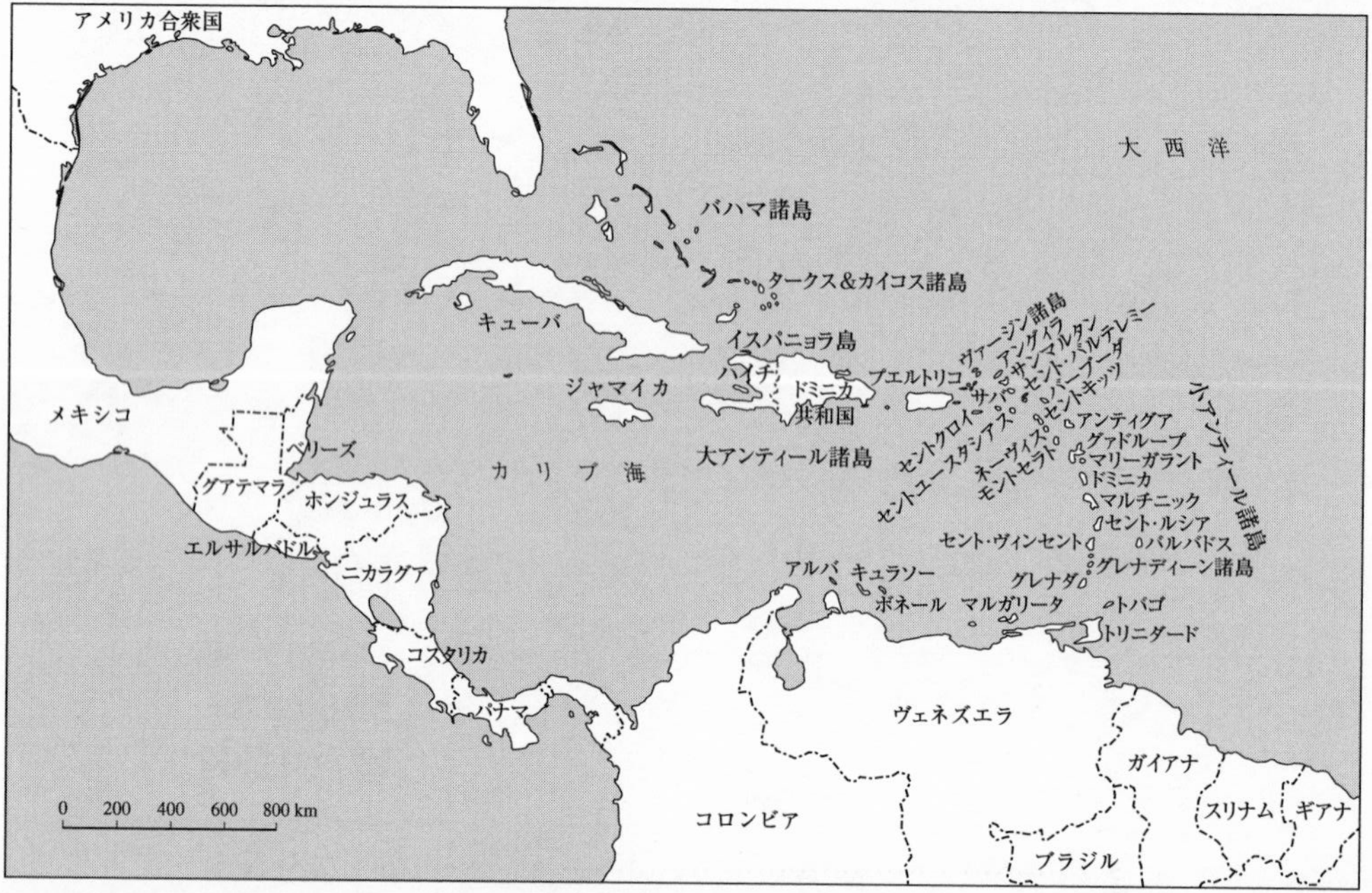
アメリカ合衆国
メキシコ
大西洋
バハマ諸島
タークス&カイコス諸島
キューバ
イスパニョラ島
ハイチ
ドミニカ共和国
プエルトリコ
ジャマイカ
大アンティール諸島
カリブ海
ベリーズ
グアテマラ
ホンジュラス
エルサルバドル
ニカラグア
コスタリカ
パナマ
ヴァージン諸島
アンゲイラ
サンマルタン
セント・バルテレミー
バーブーダ
セントキッツ
サバ
セントクロイ
セントユースタシアス
ネーヴィス
モントセラト
アンティグア
グァドループ
マリーガラント
ドミニカ
マルチニック
セント・ルシア
セント・ヴィンセント
バルバドス
グレナディーン諸島
グレナダ
小アンティール諸島
アルバ
キュラソー
ボネール
マルガリータ
トバゴ
トリニダード
ヴェネズエラ
コロンビア
ガイアナ
スリナム
ギアナ
ブラジル
0 200 400 600 800 km

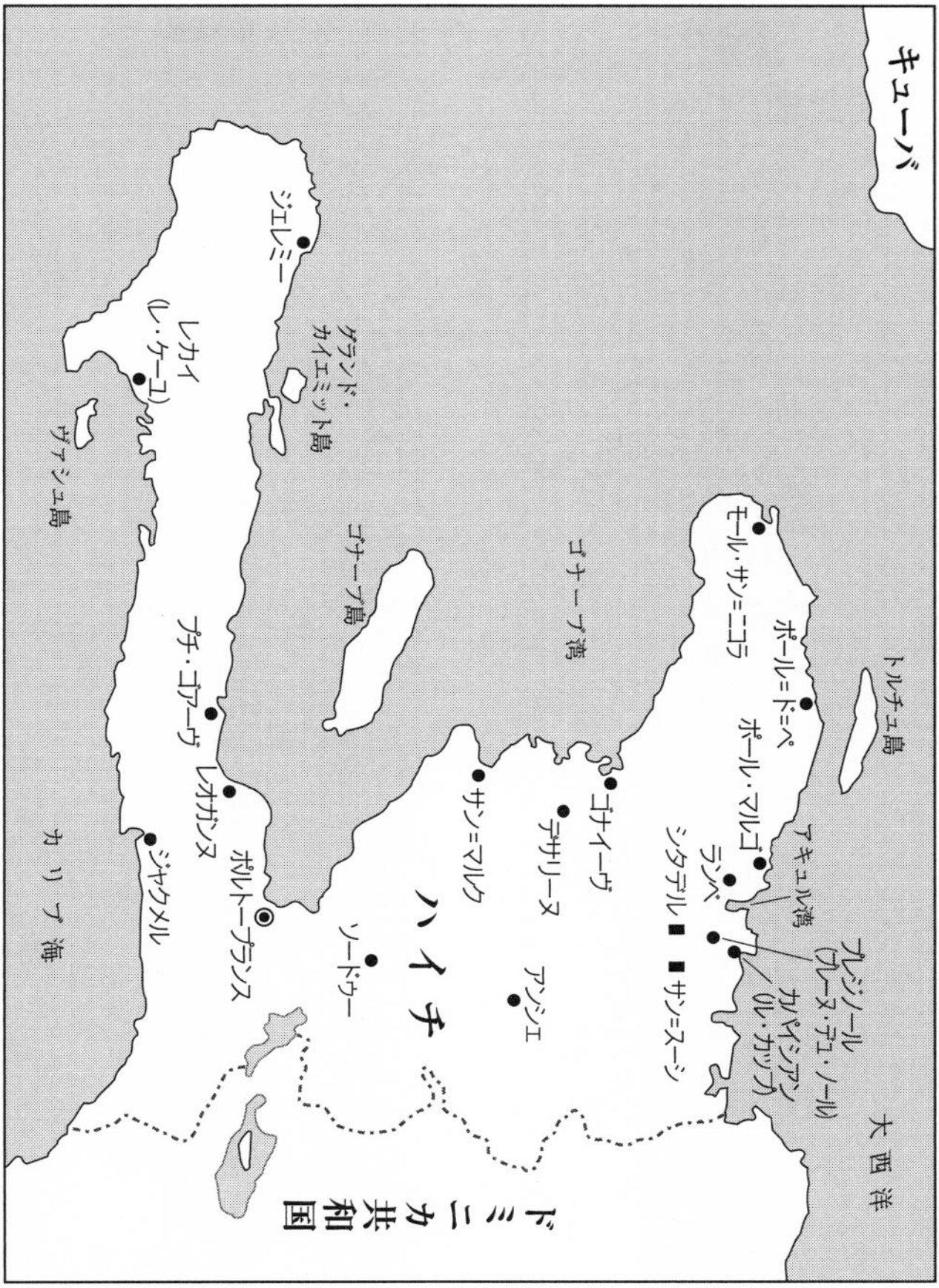

キューバ
大西洋
トルチュ島
モール・サン＝ニコラ
ポール＝ド＝ペ
ポール・マルゴ
アキュル湾
ランベ
シタデル
サン＝スーシ
プレジノール
(ブレース・デュ・ノール)
カパイシアン
(ル・カップ)
ゴナーブ湾
ゴナイーヴ
デサリーヌ
アンシュ
サン＝マルク
ハイチ
ソードゥー
ゴナーブ島
ジェレミー
グランド・カイエミット島
レカイ
(レ・ケーユ)
ヴァシュ島
プチ・ゴアーヴ
レオガンヌ
ポルトープランス
ジャクメル
カリブ海
ドミニカ共和国

第 1 章

ハイチ革命を生んだ世界史

──「カリブ海の真珠」の光と影──

アルベール・マンゴネーズ作『無名逃亡奴隷の碑』(1986 年).本章 30 頁参照

一八世紀、フランスは植民地サン＝ドマングを「カリブ海の真珠」と喩えた。それは紺碧の空と海、椰子の緑、白い浜辺などの景観を謂ったのではない。サン＝ドマングで生産された物産、とくに砂糖やコーヒーなどが本国に巨大な富をもたらしていたことを、こう表現したのである。

しかし、そこには構造的な問題があった。「カリブ海の真珠」の内実を探ることから始める。

一 「繁栄」を支えた黒人奴隷

サン＝ドマングに依存したフランスの貿易

まず、一八世紀フランスの貿易構造の推移と植民地産品の輸入量を統計資料で確認しよう。

表1-1を作成した服部春彦によれば、一八世紀フランスの貿易構造は次のようである（「一八世紀におけるフランス対外貿易の展開過程」）。

一八世紀初頭に食糧の輸出入を基軸としていた貿易構造は、原材料輸入と工業製品輸出の急激な伸長を背景に、一八世紀中葉には「いまだ早熟的ながら工業国型の構造」へと転換した。

表 1-1　18 世紀フランスの貿易構造　　(単位：%)

	品　目	1716 年	1755 年	1788 年
輸入	原材料	31.3	50.1	34.3
	食糧(うち植民地産品*)	46.3(18.0)	37.2(21.9)	49.2(33.0)
	工業製品(うち繊維製品)	16.4(11.4)	12.0(6.6)	16.1(13.0)
	その他	6.0	0.7	0.4
	合　計	100.0	100.0	100.0
輸出	原材料	5.7	10.2	10.3
	食糧(うち植民地産品**)	50.2(15.3)	34.9(16.8)	55.1(31.1)
	工業製品(うち繊維製品)	36.8(29.7)	52.5(40.7)	33.7(25.5)
	その他	7.3	2.4	0.9
	合　計	100.0	100.0	100.0

*1755 年と 1788 年は砂糖とコーヒーのみ.
**1716 年は食糧以外のごく僅かの原材料(インディゴ)を含み，1755 年と 1788 年は砂糖とコーヒーのみ.

表 1-2　植民地産品輸入量

(単位：千キンタル〈1 キンタル＝約 49kg〉. 括弧内は%)

1766 年	サン＝ドマング	マルチニックとグァドループ	合　計
砂　糖	842.9 (84.2)	481.9 (80.9)	1,324.7 (83.0)
コーヒー	114.5 (11.5)	85.8 (14.3)	199.8 (12.5)
コトン	23.2 (2.3)	16.0 (2.7)	39.2 (2.5)
インディゴ	20.0 (2.0)	──	20.0 (1.2)
カカオ	──	12.6 (2.1)	12.6 (0.8)
合　計	1,002.6(100.0)	595.7(100.0)	1,596.3(100.0)

1788 年	サン＝ドマング	マルチニックとグァドループ	合　計
砂　糖	1,634.1 (68.4)	431.1 (75.9)	2,065.1 (69.8)
コーヒー	681.5 (28.5)	106.9 (18.8)	788.2 (26.7)
コトン	62.9 (2.6)	19.5 (3.4)	82.3 (2.8)
インディゴ	9.3 (0.4)	──	9.3 (0.3)
カカオ	1.5 (0.1)	10.4 (1.9)	11.9 (0.4)
合　計	2,389.2(100.0)	567.7(100.0)	2,956.8(100.0)

だが世紀後半になると、原材料輸入と工業製品輸出の伸び悩みが顕著になる一方、植民地産品の輸入とそのヨーロッパへの再輸出が目覚ましい発展を遂げたことで、革命前夜には食糧輸出入という一八世紀初頭に見られた貿易構造へと再転換した。

そのことを裏付けるように表1-2は、植民地産品の輸入量が一七六六年から一七八八年までの約二〇年間でほぼ倍化したこと、なかでもサン゠ドマングからの輸入量の増加が著しく、砂糖は二倍、コーヒーは六倍、コトン(綿花)も二・七倍になったことを示している。輸入した植民地産品のうち八割方は、ハンザ諸都市、オランダ、イタリア、ドイツなどを経由してヨーロッパ各地へ再輸出された。

フランスといえば伝統的に自国産の繊維製品やワイン、ブランデーなどの飲料の輸出国として有名だが、植民地産品はそうした国内産品の合計額を上回ったのである。フランスは対ヨーロッパ貿易収支で黒字を維持していたが、もし植民地産品の再輸出がなかったなら赤字に転じるのは確実であった。植民地貿易や黒人奴隷貿易の拠点となったボルドー、ナント、ラ・ロシェル、ル・アーヴル、マルセイユなどの海港都市は未曾有の「繁栄」を示した。

一七三〇年頃から一七九〇年頃のサン゠ドマングは、世界で消費される砂糖の四〇%、コーヒーの六〇%を生産していた。とくに重要だったのは砂糖である。一七世紀中葉以降には様々な食品に添加されたり、あるいは飲料に入れられるようになり、砂糖は世界中で消費される必需商品、「世界商品」になった。そのため、砂糖生産を確保し、その流通路を掌握することはヨーロッパ諸国の重大関心事であり、列強間の抗争も砂糖をめぐって展開された、と言っても過言ではないのである。

圧倒的多数の黒人奴隷

次に「世界商品」を産み出す場に目を転じよう。

植民地時代サン＝ドマングの人口は白人、有色自由人、黒人奴隷の三つに分類される。白人の大部分はフランスからの植民者《コロン》で、プランテーション経営者や植民地行政に携わる官吏、貿易商人などからなる。有色自由人の多くはムラートだが、善行に対する報奨として、奴隷主から包括受遺者、遺言執行人、子どもの後見人に指名される、あるいは自分で貯蓄して買い取るなどして、自由身分となった「解放奴隷」も含まれる。黒人奴隷は本人または祖先がアフリカから連行され奴隷身分にある者で、少数ながら奴隷身分にとどまるムラートも含まれる。

表1‐3と表1‐4が示すように、サン＝ドマングの総人口は一七世紀から一八世紀にかけての約一〇〇年間で七四倍に膨れ上がった。白人は七倍、有色自由人は一一八倍、黒人奴隷は実に二〇七倍である。一七八八年のサン＝ドマングの総人口は四五万五〇五三人とフランス領植民地の中で突出している。そのうち白人は二万七七一七人（六・一％）、有色自由人は二万一八〇

表1-3　サン＝ドマングの人口構成の推移（括弧内は％）

	白　人	有色自由人	黒人奴隷	合　計
1681年	4,336(65.2)	210(3.2)	2,102(31.6)	6,648
1700年	4,097(30.1)	440(3.2)	9,082(66.7)	13,619
1720年	7,166(13.9)	1,573(3.1)	42,710(83.0)	51,449
1739年	11,613 (9.4)	2,525(2.1)	108,854(88.5)	122,992
1751年	13,815 (8.3)	3,578(2.2)	148,514(89.5)	165,907
1771年	18,418 (7.6)	6,180(2.5)	219,698(89.9)	244,296
1780年	20,543 (7.3)	10,427(3.7)	251,806(89.0)	282,776
1788年	27,717 (6.1)	21,808(4.8)	405,528(89.1)	455,053
1789年	30,826 (6.3)	24,848(5.1)	434,429(88.6)	490,103

表1-4　フランス領主要植民地の人口構成(1788年)

		白　人	有色自由人	黒人奴隷	合　計
北　米	サン＝ピエール・エ・ミクロン	1,500	──	──	1,500
カリブ海地域	サン＝ドマング	27,717	21,808	405,564	455,089
	グァドループ	13,466	3,044	85,461	101,971
	マルチニック	10,603	4,851	73,416	88,870
	サント＝リュシー	2,159	1,588	17,221	20,968
	トバゴ	425	231	13.295	13,951
南　米	ギアナ	1,307	394	10,748	12,549
インド	インド	4,000	──	──	4,000
インド洋諸島	ブルボン島(現レユニオン)	8,182	1,029	47,195	56,406
	フランス島(現モーリシャス)	4,457	2,456	37,915	44,828
その他とも合計		73,816	35,501	690,815	800,125

一部数字が合わないところもあるが，すべて原文(ピエール・プリュション『フランス植民地主義の歴史』)のまま．

八人(四・八%)、黒人奴隷は圧倒的多数の四〇万五五六四人(八九・一%)である。白人一人当たりの黒人奴隷数を計算すると一四・六人となる。マルチニックやグァドループなど他のフランス領植民地、あるいはイギリス領植民地では六人から八人程度だから、サン＝ドマングの場合はおよそ二倍である。

大西洋黒人奴隷貿易

黒人奴隷人口がこのように増加した最大の要因は、大西洋黒人奴隷貿易の展開にある。一五世紀後半から一九世紀半ばまで、アフリカから南北アメリカ、カリブ海へと連行された黒人たちの推計総数は研究者によって差がある。かつては三〇〇〇万人または五〇〇〇万人という推定値を挙げる研究もあったが、これは過大にすぎ、フィリップ・D・カーティンが断片的なデータを集計して一九六九年に発表した数値がもっとも信頼に値するものとされた。その総計は一〇〇〇万人弱である。だがカーティンの数値も、その後しだいに上方修正され、最近の研究では一二〇〇万人ないし一五〇〇万人内外とするのが普通である。四〇〇年に及んだ奴隷貿易の膨大なデータが「奴隷航海(SlaveVoyages)」のウェブサイト〈www.slavevoyages.org〉で無料で検索できるようになっている。

大西洋黒人奴隷貿易の最盛期である一八世紀は、年平均では五万人強とされている。サン＝

ドマングの黒人奴隷人口の急増もこれとシンクロしているわけである。
表1-5にはカーティンの推計を示した。フランス領カリブ海への導入はイギリス領カリブ海とほぼ同数の約一六〇万人であり、最大の導入地であるポルトガル領ブラジル(約三六五万人)に次ぐ。サン=ドマングだけでは八六万人強であり、そのうちの半分は後述する七年戦争(一七五六―一七六三年)終結後の二五年間のものであった。

表1-5　導入地域別の大西洋黒人奴隷貿易

導入地域	実数	%
旧世界	175,000	1.8
イギリス領北アメリカ	399,000	4.2
スペイン領アメリカ	1,552,100	16.2
イギリス領カリブ海	1,665,000	17.4
フランス領カリブ海	1,600,200	16.7
(うちサン=ドマング)	(864,300)	(9.0)
オランダ領カリブ海	500,000	5.2
デンマーク領カリブ海	28,000	0.3
ポルトガル領ブラジル	3,646,800	38.1
合計	9,566,100	100.0

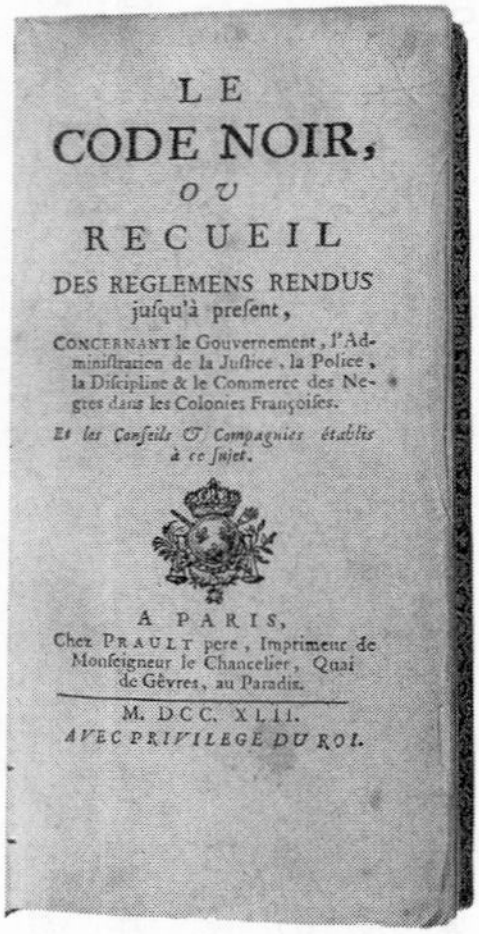

図1-1　「黒人法典」
(1742年版)

大西洋黒人奴隷貿易によって連行したアフリカ人を奴隷とすると定めたのが、一六八五年三月の「アメリカ諸島の治安に関する黒人法典」、略称「黒人法典《コード・ノワール》」である(図1-1)。前文と全六〇カ条からなる法典の逐条抄訳と詳細は拙著『ハイチ革命とフランス革命』に、概要は『カリブからの問い』に譲り、ここでは法典制定の目的に絞ってみてみよう。

「黒人法典」は前文で、「アメリカ諸島にローマ・カトリックの宗規を維持し、奴隷の身分を定める」とする。具体的には、ユダヤ人は「キリスト教徒の敵」であるとして退去を命じ、カトリック以外の公の礼拝を禁じ、洗礼、教導、婚姻、埋葬などもカトリックによるとする。日曜日とカトリックの祝日には、奴隷を就労させることや奴隷を含む商品取引が禁止される。

モンテスキューは『法の精神』(一七四八年)で、「ルイ一三世は植民地の黒人を奴隷にすることについてはなはだ心を痛めた。しかし、奴隷にすることが彼らを改宗させる最も確実な道であると信じ込まされると、これに同意した」というジャン＝バチスト・ラバ神父の言葉を引いている。黒人奴隷制はカトリックへの改宗という大義によって正当化されたのである。

「黒人法典」は、フランス革命議会が黒人奴隷制の廃止を宣言する一七九四年二月四日まで現行法として維持された。

表1-6　サン＝ドマングの奴隷の出生地(1765-1787年)

		男性	女性	男児	女児	合計
植民地生まれ(クレオール)		337	379	224	233	1,173
アフリカ生まれ(ボサール)		1,036	543	21	6	1,606
内訳	コンゴ	403	141	19	6	569
	アラダ(ベナン南部)	174	181	2		357
	イボ(ナイジェリア東南部)	89	50			139
	バンバラ(西アフリカ)	73	24			97
	セネガル	39	29			68
	モザンビーク	43	6			49
	ミナ	25	19			44
	ゴールドコースト	27	1			28
	ハウサ(チャド系)	25	1			26
	その他	138	91			229
合　計		1,373	922	245	239	2,779

クレオールとボサール

黒人奴隷人口の増加は、植民地で生まれた者――「クレオール créole」という――の増加もさることながら、新たにアフリカから連行された者――「ボサール bossale」という――が増加したことによる。

この点をもう少し立ち入って検討しよう。表1-6は、一七六五年から一七八七年までの大小六十余りのプランテーションの奴隷の出生地を一覧にしたものである。合計二七七九人中、クレオールが一一七三人(四二・二%)なのに対して、ボサールは一六〇六人(五七・八%)である。

クレオールとボサールは決定的に異なる。それは、ボサールは奴隷船での「地獄図」を体験していることである。アフリカ西海岸からカリブ海域までは、出港地と目的地によって違いはあるが、五〇〇ないし一万キロメートルになる。この距離を二五〇トンから三〇〇トン程度の帆船で、最低で四〇日、風向きや天候が悪ければ一〇〇日、平均すると二カ月かかって横断するのである。この大西洋航海を「中間航路《ミドル・パセージ》」という。ヨーロッパ→アフリカ→南北アメリカ→ヨーロッパを結ぶ大西洋三角貿易を構成する三つの航路のうちの二番目だからである。

黒人たちは乗船前に毛髪を剃られ、全裸で男女別々の船倉に押し込まれた。女性と子どもは出帆後に鎖を解かれることが多かったようだが、男性は普通二人一組になって足首に鎖が掛けられたままであった。一人当たり畳半分ほどのスペースにすし詰めにされ、不衛生な環境に閉じ込められた(図1-2)。中間航路での死亡率は一七世紀で一五%ないし一六%、一八世紀前半で一〇%、一八世紀後半でも七%ないし八%に達したと計算されている。これは平均値であって、五〇%以上ということも稀ではなかった。

死亡原因は多様である。給水不足による脱水死。赤痢や天然痘などの疫病。野菜不足が原因の壊血病。病気に罹った者や船内で反乱を起こした者は容赦なく海に放り込まれた。絶食や舌を噛み切ったり海中に飛び込んだりするなどの自死者もでた。容易には信じ難いが、乗組員が退屈な船旅の気晴らしにリンチを加えて船外に放り出すこともあった。

大西洋の海底にはおびただしい数のアフリカ人の遺骨が沈んでいる。その数は一〇〇万人をはるかに超えるであろう。

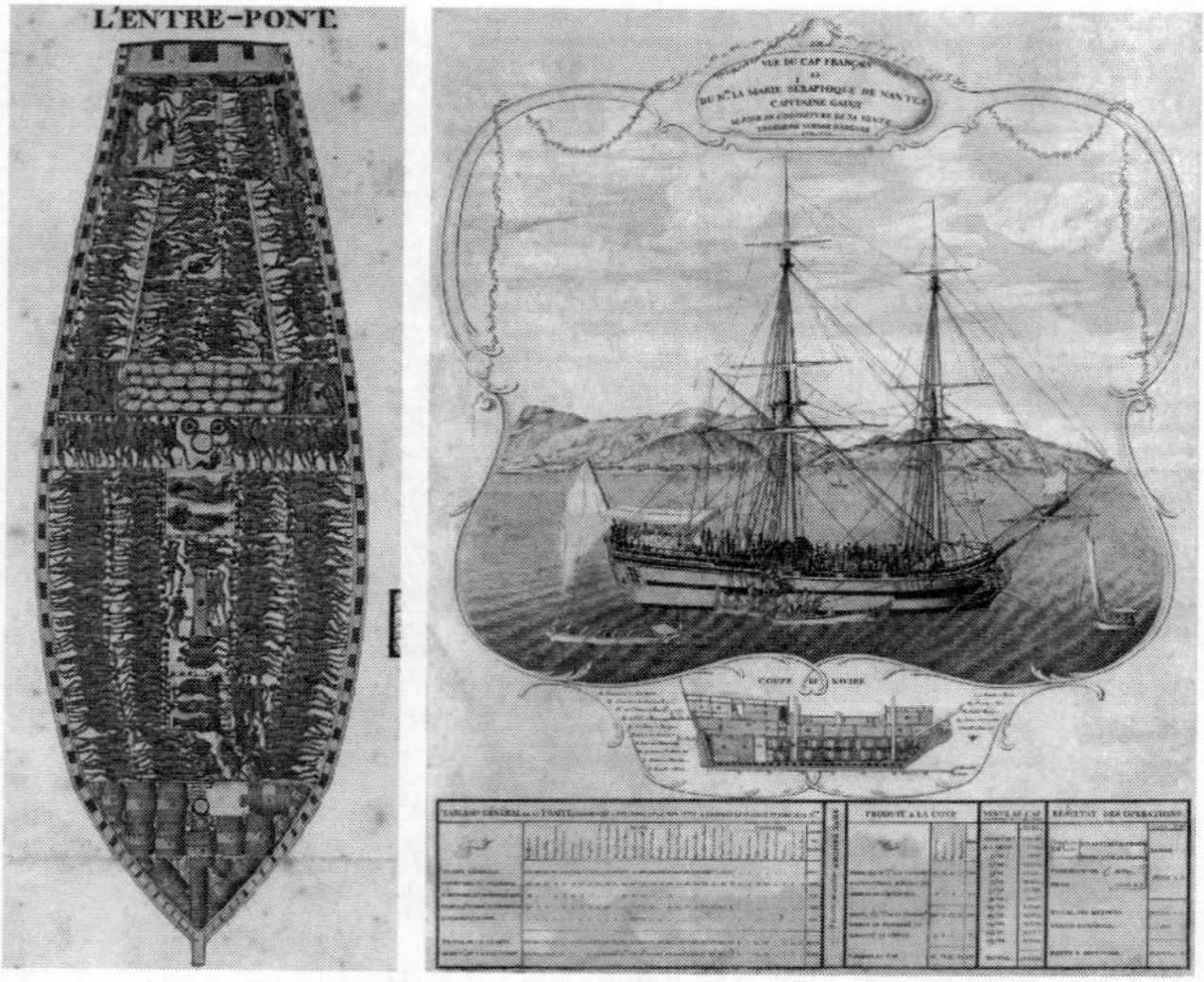

図 1-2　ナントとサン＝ドマングを往来していた奴隷船マリー・セラフィーク号．黒人たちは「積み荷」としてすし詰めにされた

こう書いても実感するのは難しいだろうか。想像の域を超えるが、より詳しくは、「移動する監獄」と言われた奴隷船などを、先に触れた「奴隷航海」のデータも駆使して克明に描いた布留川正博『奴隷船の世界史』（二〇一九年）を参照されたい。またスティーヴン・スピルバーグ監督作品の『アミスタッド』（一九九七年）も薦めたい。この映画は一八三九年にアミスタッド号（スペイン語で「友情」の意味）という奴隷船上で起こった反乱の実話をもとにしたものだが、アフリカでの「奴隷狩り」

と奴隷船での輸送の様子が、約一〇分間にわたって実にリアルに描写されているからである。

二 「繁栄」に潜む危うさ

プランテーションの集団的・組織的・協働的性格

アフリカから植民地に連れてこられた奴隷には、半年から一年間労働を猶予することがあった。長く過酷な中間航路での肉体的・精神的ダメージを癒し、新しい気候や環境、病気などに順応させるためである。その後に待ち受けているのは、プランテーションでの奴隷労働である。

奴隷制プランテーションは労働力集約と大土地所有による農業経営である。労働力集約とは、一カ所に多数の労働力が集められることを言う。栽培作物によって異なるが、少なくとも数十人、多い場合には数百人にもなる。大土地所有による農業経営という特徴は、とくに砂糖プランテーションに顕著である。砂糖の原料となるサトウキビは多年草だが、三年ほど栽培を続けた後は、地力を回復させるために別の作物に替えるなどして休耕する必要があった。フルリオなる人物がサン＝ドマング北部に所有したプランテーションの場合、一七九一年の時点で合計三二七ヘクタールのうちサトウキビ栽培に当てられたのは二〇％弱の六五ヘクタールだった。

砂糖プランテーション(図1-3)の空間は三つに区分される。①農業用地。サトウキビのほか、

図 1-3　砂糖プランテーションの全景

主として奴隷の食料となるマニオク(キャッサバともいう。和名イモノキ)、バナナ、トウモロコシ、粟などの耕作地。家畜放牧用の草地。その他、日曜日や祝日などの休労日に奴隷たちが「自分の裁量で」耕すことのできる「奴隷菜園」が用意されることもあった。②工業用地。サトウキビの裁断場、煮沸場、乾燥場、ボイラー、倉庫、水車小屋などの建物。③居住空間。奴隷主の邸宅と数棟の「奴隷小屋」。

奴隷たちは消耗品だった。上述のフルリオのプランテーションでは一七七七年から一七八九年までの平均奴隷数は二五六人(最低二二三人から最高三一一人)だったが、この一三年間に合計一一七人(一年平均九人)の奴隷が購入された。エケ家がサン＝ドマング西部に所有したインディゴのプランテーションでは、一七六七年の時点で一〇六人だったが、一七六九年から一七七八年までの一〇年間に、それと同数の一〇六人の奴隷を購入した。ところが、一七八二年時点の奴隷数は一四一人と、一七六七年の数に新規購入分を加えた合計をはるかに下回った。ある奴隷主は、奴隷の可働年数を一五年と考え、また、クレオールの子どもを一人前になるまで育てるよりも、二〇歳の奴隷を購入する方が割安と計算していたという。まさに消耗品扱いである。

奴隷は「言葉を話す道具」、プランテーションは「サトウキビと一緒に黒人が砕かれるミル(粉砕機)」、コーヒーは「ニグロの汗」と言われた。何ともおぞましい比喩だが、むしろ「カリブ海の真珠」の実相を表現している。

表1-7は、ブルトン・デシャペルなるサン＝ドマングの砂糖プランテーション所有者が一七八五年に作成した「資産目録」にある「奴隷名簿」をもとに、職種別の配置を一覧にしたものである。職種は、奴隷監督(後述)のほか、運搬・精糖などの製造部門、奴隷主の邸宅とプランテーションの維持に関わる家内労働部門、農耕部門というように、多様な部門からなる。

合計一四一名のうち、もっとも多くが割り当てられたのは農耕部門で、全体の六割強を占めた。作業は単純ではあるが、とりわけ、背丈の二倍以上に成長し、ささくれ立ったサトウキビを灼熱の太陽の下で裸同然で刈り取る作業は苛酷なものだった。

次に多いのは製造部門で、サトウキビを刈り取って精糖所に運ぶ作業には計一〇名が割り当てられた。刈り取ったサトウキビは短時間で糖汁が変質するため、迅速さが要求されたのである。

製造部門のうち一二名が製糖工である。裁断したサトウキビを圧搾機にかけて糖汁を引き出し、これを煮沸・攪拌《かくはん》して濃縮する作業、粗糖と糖蜜とに分離する作業には、猛烈な暑さに耐

表1-7　ブルトン・デシャペル所有砂糖プランテーションの奴隷(1785年)

職種			人数	平均年齢	評価額(リーヴル)
奴隷監督		奴隷監督頭	1	40	4,500
		奴隷監督兼散水夫	1	30	4,500
		小計	2(1.4%)		
製造部門	製造	大工	1	52	4,000
		樽作り大工	2	24	4,000
		製糖工	12	26	2,917
	運搬	運搬人	8	29	3,000
		運搬人兼ラバ番	1	37	4,000
		荷車運搬人	1	48	4,000
		小計	25(17.8%)		
家内労働部門	熟練労働	料理人	1	20	3,000
		荷車引き兼庭師	1	25	4,000
		御者	3	24	3,667
		看護役	1	40	3,000
	雑役労働	家畜番	1	60	500
		番人	4	54	675
		生垣刈り	1	55	500
		子守り	1	60	5
		小計	13(9.2%)		
農耕部門		男性(14歳以上)	20	27	2,100
		女性(14歳以上)	47	30	2,409
		男児(6-13歳)	13	10	1,577
		女児(6-13歳)	9	10	1,233
		小計	89(63.1%)		
幼児(5歳以下)			12(8.5%)	3	558
総合計			141(100.0%)		

えることのできる強靭な体力や、高度の技術と熟練、微妙な勘とともに、息の合った連係プレイが必要とされた。

家内労働に一括したなかには、奴隷主の邸宅の料理人、御者、庭師のほか、病気に罹った奴隷の面倒を見る看護役、老齢の奴隷に任された家畜番などが含まれる。

こうしたシステムの中核に位置付けられたのが奴隷監督(コマンドゥール)である。普通、プランテーションには二名、クレオールとボサールからそれぞれ一名が配置された。彼らは、農耕部門の奴隷を一列に並べて行う苗床造成や刈り取り作業の指揮を執るのをはじめ、奴隷の労働と生活の全般を監督すべく、奴隷主によって登用された「有能な」奴隷である。奴隷支配の末端にあって、いわば中間管理職の役割を担う奴隷監督には最高の評価額が与えられる。

このようなプランテーションのシステムは、シドニー・W・ミンツが「早咲きの工業化」あるいは「〔資本主義的〕工業企業体の初期形態」としての「農＝工業複合体 agro-industrial complex」と特徴付けたように、集団的・組織的・協働的性格を持っている(『甘さと権力』)。

ところで、このデシャペルのプランテーションで奴隷監督に与えられた四五〇〇リーヴルという評価額はどの程度のものなのだろうか。やや込み入った計算になるため詳細は省くが、フランス革命時代の平均的な職人である大工の日当(二・五リーヴル)と、日本のサラリーマンの平均年収(約五〇〇万円)とを基礎に計算すると、四五〇〇リーヴルはおよそ三五〇〇万円、七年分の賃金に相当する。これを高いと見るか安いと見るかは、読者に委ねたい。

「諸刃の剣」のプランテーション・システム

次の第二章で詳述するが、ハイチ革命の発端となる一七九一年八月一四日の「カイマン森の儀式」に集結して、一斉蜂起を誓い合ったプランテーションの代表者は奴隷監督たちだった。そのことは、大量の奴隷労働力の集約によって効率的に収奪する目的で採用されたプランテーション・システムが持っている集団的・組織的・協働的性格が、諸刃の剣だったことを意味する。

プランテーション・システムが諸刃の剣だったことは、日常の生活条件にも見られる。注目すべきは奴隷小屋の立地である。奴隷小屋は奴隷主の邸宅から近すぎず遠すぎずという位置に、かつ、まとめて配置された。近すぎてはいつ何時襲撃されるかもしれないという危険を伴うし、かといって遠くに散在していては監視の目が行き届かないからである。奴隷小屋は奴隷たちの集団的な生活空間であり、生活に根差した文化や娯楽、生と死を共有する場となった。

こうした生活空間の形成はプランテーションの形成史と表裏をなしている。プランテーションが形成される前の「初期植民」の段階では、多くの場合、黒人奴隷たちは奴隷主と同居したため、独自の生活空間を持たなかった。大規模なプランテーションの形成とともに、独自のかつ集団的な生活空間が誕生したのである。

多数の奴隷たちによる集団的で組織的な行動を可能にする客観的条件は、プランテーションが集団的・組織的・協働的な性格を持っていたことにあるが、加えて、ヴードゥーの信仰とクレオール語というコミュニケーション手段を共有していたことにも触れなくてはならない。

絆としてのヴードゥーとクレオール語

ヴードゥーはアフリカに起源を持つ精霊信仰とキリスト教とが混淆してサン＝ドマングで生まれた信仰である。ヴードゥーの元になっているのはヴードゥンで、西アフリカのギニア湾岸、現在のベナン共和国に住むフォン語を話す人々の言葉で「神」「精霊」「生命力」を意味する。アフリカ人たちはこの信仰を持ってサン＝ドマングにやって来た。

一方、サン＝ドマングを支配するフランスはキリスト教（カトリック）を「唯一の宗教」としたから、ヴードゥンは「邪教」として禁止された。しかし、黒人たちはヴードゥンを捨て去らない。故地アフリカから強制的・暴力的に切り離され、生きて再び戻る希望を持てない黒人たちは、故国や祖先の霊に救いと生命力の源を求め、死後における「魂の帰郷」に心の平安を見出した。黒人たちは、ヴードゥンを信仰し続けると同時に、キリスト教を拒否するのではなく、これを取り込んだのである。

例えば、聖母マリアには処女と母と老婆の三つの顔を持つエルズリ(またはエジリ)をあて、キリスト教の聖人たちには、交信と十字路の神レグバ、蛇神ダンバラ・ウエド、虹の神アイダ・ウエド、海の神アグウェ、植物の神ロコなどのヴードゥンの聖人たちをあてた。そして精霊の祝日も多くはカトリックの祝日にした。現在でも、ヴードゥーの祭壇にはイエスとマリアを描いた聖母子画やイエスの像などが置かれている。最初はカムフラージュだっただろうが、しだいに渾然一体と化したのである。

ヴードゥーは黒人奴隷たちの心の拠り所であるだけでなく、黒人奴隷どうしを結ぶ精神的な絆であった。しかし、それだけでは足りない。行動を共にするには、意思疎通を可能にする言葉が必要になる。黒人奴隷たちの共通言語となったのがハイチ・クレオール語である。

ハイチ・クレオール語はアフリカの諸言語とフランス語が混じって創られた言語である。アフリカ出身の奴隷たちは奴隷主が話す言葉を理解できないし、奴隷主も奴隷たちの言葉を理解できない。奴隷どうしでも同じである。奴隷の多くは西アフリカの出身だが、ひと口に西アフリカといっても言葉は多様だから、出身地が違えば言葉は通じない。また、奴隷主は敢えて出身地の違う奴隷を集めることが多かった。奴隷たちの横のつながりを断ち切り、反乱の芽をあらかじめ摘んでおくために、出身地や母語の多様化が図られたのである。しかし、奴隷主と奴隷の間、奴隷と奴隷の間にも意思伝達は不可欠である。

まず、母語の異なる者をつなぐ片言の共通語、橋渡し言語(ピジン語)が生まれる。そして、出自が異なる両親から生まれた子どもがその共通語を母語とするようになる。その母語を獲得した奴隷が「語り部」となって新参の奴隷に対する言葉の伝授者となる。こうして、長い世代を経て言語学上のピジン語とは区別される新しい言語が生まれた。これがクレオール語と総称されるものである。ハイチ・クレオール語の形成史や言語系統については諸説あるが、フランス語の語彙にアフリカの語法が入り混じってできた混成語とする説が有力である。

フランス政府は「とかく人間は賢くなると反乱を起こす」として、奴隷への教育を度外視した。そのため、特殊なケースは別として、大多数の黒人奴隷はフランス語の識字能力を持たない。植民地時代から今日までコミュニケーション手段となったのがハイチ・クレオール語だが、それは口語であり、文字化され正書法が確立するには長い年月を要した。

それゆえ、ハイチ史とくに植民地時代やハイチ革命の研究には、黒人奴隷たちが書き残した文字史料が得られないという困難がある。ガヤトリ・チャクラヴォルティ・スピヴァクの「サバルタンは語ることができるか」の顰《ひそみ》に倣《なら》えば、「黒人奴隷たちは語ることができない」のである。クレオール語がハイチでフランス語と並ぶ公用語になるのは一九六一年のことであり、一九八七年には憲法でも明記された。

植民地の危機への対応

フランスの「繁栄」を支えた植民地は、構造的な問題を内包していた。

その一つは、すでに詳述したように、植民地における生産が、奴隷制という鞭と強制を伴う非人間的な労働によって支えられていたことである。

もう一つの構造的な問題は「排他制度」(système de l'exclusif)に見られる。これは、ルイ一四世時代の財務総監ジャン＝バチスト・コルベールによって一六六〇年以降に創始された。その趣旨は、ほぼ同時期にイギリスが定めた「航海条例」(Navigation Acts)と同じで、フランスの植民地貿易から外国の商品・商人・船舶を排除して、本国による独占を意図した植民地収奪のための法的強制である。一八世紀前半には部分的な例外規定を含み、かつ、必ずしも厳格に実施されなかったが、この原則は相次ぐ立法によって確認された。

排他制度をめぐっては、本国の貿易業者と植民地のプランターとの間で利害が対立する。なぜなら、排他制度は「もっぱら本国の生産者・貿易商人・船主の利益のために植民地に押し付けられた隷属化」(ジャン・タラード『アンシャン・レジーム末期フランスの植民地貿易』)だったからである。

問題の焦点は、植民地における生産に不可欠な食料をはじめとする物品を、いかにして十分かつ安定的に供給できるか、という点に関わっている。というのも、サン＝ドマングのような砂糖やコーヒーなどの生産に特化した「栽培型植民地」には、白人が「ヨーロッパ的な生活」を送るのに必要な物資(上質小麦、ワイン、上質織物、服飾品、奢侈品など)や、年々増加する奴隷の維持に不可欠な生活物資(塩漬け肉・干鱈などの食糧、粗質織物などの生活用品)、植民地諸産業のための物資(各種建築材料、サトウキビ粉砕用のミルなどの各種機械、板材、樽用木材など)は、基本的に植民地の外から供給しなければならないのである。

年来の課題だった「供給問題」は、とりわけ植民地をめぐる戦争期に表面化した。一七世紀末から一八世紀中葉にかけて、フランスとイギリスはアウクスブルク同盟戦争(一六八九―一六九七年)を皮切りに、スペイン継承戦争(一七〇一―一七一四年)、オーストリア継承戦争(一七四〇―一七四八年)、七年戦争(一七五六―一七六三年)と、断続的に戦争を繰り返した。一三三九年から一四五三年に展開された「百年戦争」になぞらえて、「第二次百年戦争」と呼ばれるものである。

戦争はヨーロッパだけでなくインドや北米大陸、カリブ海などでの植民地争奪抗争としても展開した。その間、しばしば本国と植民地との貿易が中断した。そのため、密貿易が半ば常態化して排他制度が空洞化した。サン＝ドマングでの生産は、大西洋を越える本国よりも至近に位置するイギリス領北米中北部植民地、独立後のアメリカ合衆国、スペイン領サント・ドミンゴ、イギリス領ジャマイカなどに依存することになったのである。

七年戦争後のパリ条約によって、フランスはカナダとミシシッピ川以東のルイジアナをイギリスに、ミシシッピ川以西のルイジアナをスペインに割譲した。だが、サン゠ドマングを無傷のまま保持し、戦争中にイギリス軍によって占領されたマルチニックとグァドループも、カナダとルイジアナを割譲することを条件として「元保有国」フランスに返還された。後から振返れば、既得の植民地領土、権益からの後退は将来にわたってフランスが世界的強国となるための重要な地盤の喪失を意味した。

しかし、カナダやルイジアナなどの当時の実状を考えるならば、その喪失を過大視できない。例えばカナダは、その広大な面積にもかかわらず「僅かばかりの凍土」「空っぽのカバン」と酷評されていた。ルイジアナも一八〇〇年にフランスに返還された後、ハイチ革命のさなかの一八〇三年にはナポレオンによって、アメリカ合衆国に現在の合衆国領土の約四分の一に相当する広大な面積を僅か一五〇〇万ドル、一エーカー(約四〇〇〇平方メートル)あたり六セントという安値で売却することとなる。こうした事実が示すように重要視されていなかったのである。

一連の植民地戦争での敗北にもかかわらず、植民地帝国のなかで基軸的な構成部分をなし、対外貿易の要衝となっていたカリブ海の植民地、とりわけサン゠ドマングを無傷のまま保持し、植民地体制の崩壊を回避できたことは重要である。そして七年戦争後は、この残された「カリブ海の真珠」への依存を一層強めることとなった。

そのために採られた政策の一つは、黒人奴隷制の再編強化である。すなわち、奴隷の服務事項の再確認、新たな禁止事項の設定や罰則の加重、有色自由人の既得権の縮減、フランスへの入国規制、白人と黒人との結婚規制などである。これらの政策に通底するのはあからさまなレイシズムであった。例えば、一七六六年一〇月一三日の海上大臣の裁決にはこうある。

黒人はすべて奴隷として植民地に導入されたのである。奴隷制は彼らの子孫にまで払拭しがたい刻印を捺している。従って、黒人から生まれた者はけっして白人の仲間に加わることはできない。もし彼らが白人と同等と見なされるなら、彼らは白人と同じ地位と位階とを要求することになろう。それは植民地の制度に反することである。

貿易制度の面で採られた政策は排他制度の緩和である。すなわち、植民地のいくつかの港を外国にも開放して、外国船の入港と一定の商品について取引を認めたのである。それらの措置は、植民地体制の弛緩を犠牲にしつつも、植民地における生産を確保する方策とされたのである。

こうした黒人奴隷制の再編強化と排他的・独占的な貿易制度の緩和措置とは、表面的には相反する性格を持っている。しかし、それらが同時並行で展開されたことが重要であり、いずれも「カリブ海の真珠」の死守という至上命題から発したものである。だが、これによってフランスの植民地体制の構造的な問題が解消されたわけではない。むしろ、問題は一層深刻化することとなったのである。

高まるリスク

もう一度、奴隷の出生地を示した表1-6を見よう。ボサールのうちコンゴ出身者が全体の四割強と際立って多い。一四世紀末に誕生したコンゴ王国は、一四八五年にポルトガルとの間に国交が結ばれ、一六世紀初頭にはポルトガル商人による奴隷貿易が始まり、大西洋黒人奴隷貿易の一大中心地となった。

コンゴ王国史や「アフリカン・ディアスポラ」を専門とするジョン・K・ソーントンによれば、コンゴ出身者には「コンゴ国王の臣下」として豊富な戦争経験を持つ者が多く、彼らはハイチ革命のなかで重要な役割を果たすことになったという(「『私はコンゴ国王の臣下である』」)。代表的には、後述する一七九一年八月の奴隷蜂起後に、蜂起の指導者の一人であるピエロ司令官の副官となったマカヤ(?—一八〇二年)がいる。

ガブリエル・ドゥビアンの調査によれば、一七八九年一一月から翌年三月までにサン＝ドマングで逮捕され、出生地の判明した四六八人の逃亡奴隷のうち、クレオールが七三人(一五・六%)に対して、ボサールは五倍以上の三九五人(八四・四%)である(「アンティル諸島の奴隷の出生地」)。この数字は、奴隷制に対する憎悪と、そこから脱出を謀る者が、クレオールよりもボサールに多かったことを示している。

七年戦争後に植民地領土が縮減したフランスは、「植民地の危機」を打開すべく植民地における生産の増強に必要な黒人奴隷貿易を、ボサールの増加というリスクを伴いながら拡大したのである。かくして、「カリブ海の真珠」が内包する構造的な問題は一層深刻化した。

サン゠ドマングが重要だったのは「豊かさ」だけではない。海を隔てているとはいえイギリス領ジャマイカ、スペイン領キューバとは至近距離に、イスパニョラ島の東部を占めるスペイン領サント・ドミンゴとは陸続きで接するという、戦略上も重要な位置にあった。

サン゠ドマングは、「世界商品」によってヨーロッパと、黒人奴隷貿易によってアフリカと連結する。サン゠ドマングは閉ざされたローカルな場ではなく、グローバルな連関のなかにあり、「ヨーロッパ／サン゠ドマング／アフリカ」という三幅対の中心、環大西洋の経済・政治・外交秩序のキーストーンであった。

解放の礎——逃亡奴隷

過酷な環境に置かれた奴隷たちは黙って耐え忍んでいたのではない。様々な形で抵抗していた。毒薬を飲料水に混入して行われた奴隷主とその家族の殺害、故意の自傷や病気を装ってのサボタージュ、絶食や投身による自死、奴隷どうしが首を絞めあう「相互絞殺」などである。

ガブリエル・アンチオープは歌やダンスにもレジスタンスの性格があるとする。ダンスは「叛乱、毒薬、自殺、堕胎、嘘、へつらい、からかい、民話、歌、畑、密告、逃亡と同等の奴隷の自由を求める抵抗運動の総体」の一部であり、「奴隷は、ただたんに気晴らしのためや、プランテーションの利益のために踊ったのではない。彼らはダンスに政治的価値と内容を付与した。つまり彼らはダンスにおいて逃亡を果したのである」(『ニグロ、ダンス、抵抗』)。

様々な形の抵抗のなかで、とくに重要なのが逃亡である。「ハイチ黒人奴隷の歴史は逃亡奴隷の歴史だった」と言われるほど、小規模ながらしばしば組織的な抵抗となった。国土の五分の四が山地であるサン＝ドマングは逃げ込む場所にこと欠かなかった。逃亡に成功した奴隷は山間僻地に共同体を作ってリーダーを選び、土地を耕し家を建てバリケードを築き、そこを拠点に襲撃や略奪を繰り返したのである。

もちろん、捕らえられた逃亡奴隷には厳罰が科せられた。先に取り上げた「黒人法典」では、「一カ月以上逃亡した奴隷は両耳切除と片方の肩に百合の花の烙印刑、再犯者はひかがみ(膝裏)の腱切断ともう一方の肩への百合の花の烙印刑、再々犯者は死刑」とされたし、逃亡奴隷を匿《かくま》った者にも高額の罰金が科せられた。

それにもかかわらず、逃亡は頻発した。例えば、一七二〇年だけで約一〇〇〇人の逃亡があり、一七五一年の時点ではスペイン領サント・ドミンゴとの境界周辺に約三〇〇〇人の逃亡奴隷が「蝟集《いしゅう》」していたという。一七七〇年から一七九〇年までで記録が残っている一一年間で合計一万九九〇三人、一年平均一八〇〇人強に達したとする研究もある。一七七六年にフランスとスペインとの間で逃亡奴隷の逮捕と相互送還に関する協定が締結されたことは、逃亡奴隷の広がりを裏付けていよう。

奴隷制から逃れて作られた集団のことを「マルーン共同体」という。「マルーン maroon」とは、スペイン語で「野生化した家畜」を意味するシマロン cimarrón が英語やフランス語に転訛したものである。「マルーン共同体」は南北アメリカ、カリブ海地域の広範囲に見られた。ハイチでは植民地時代だけでなく独立後にも見られたが、それについては第三章で触れる。

図 1-4　ウィルソン・アナクレオン作『蜂起した奴隷のマカンダルが魔力で焚刑の火から飛び出す』(1991 年)

図1-4の『蜂起した奴隷のマカンダルが魔力で焚刑の火から飛び出す』(一九九一年)は「マカンダルの陰謀事件」の首謀者の処刑場面を描いたものである。

作者のウィルソン・アナクレオンは歴史上の出来事を描いた絵も残した。図に示した作品はハイチ革命の開始からちょうど二〇〇年後に描かれたものである。「マカンダルの陰謀事件」とは、ギニア生まれの黒人奴隷フランソワ・マカンダルが逃亡奴隷団を組織し、七年戦争のさなかの一七五七年秋から翌年春にかけて、薬草などから作った毒薬を飲料水に混入して白人たちの大量殺戮を謀ろうとした事件である。この「陰謀」は密告によって未遂に終わり、逮捕されたマカンダルは一七五八年八月に衆人環視のなかで焚刑となった。

この焚刑の時、炎が立ち上ると身体に巻き付けられていた鎖がもぎ取られ、宙に飛び上がったように見えたという。マカンダルは蚊になって飛び去り、いつの日か人間の姿で戻ってくるという伝承が生まれ、現代まで語り継がれてゆく。一九六八年にマカンダルの肖像を刻印した二〇グルド(約四〇〇〇円)硬貨が発行され、一九八六年には首都ポルトープランスのナショナルパレス前の独立英雄広場に、逃亡奴隷を顕彰するアルベール・マンゴネーズ作による漆黒のブロンズ像(本章扉)が置かれたが、これもマカンダルをモデルにしたものである。

キャロライン・E・フィックが「下からの革命」の視点を提唱する際に重視したのが、マカンダルに代表される逃亡奴隷の役割である(『ハイチの形成』)。サディール・ハザリーシンの近著では、マカンダルはヴードゥーの神官で、彼の「配下」は奴隷監督のなかにもいたこと、後に革命を主導することになるトゥサン・ルヴェルチュールは、マカンダルの焚刑の場に立ち会うほどの「マカンダリスト」だったことなどを指摘し、マカンダルは奴隷解放の礎だったとしている(『ブラック・スパルタクス』)。

次の章で見るように、プランテーションからの脱出という形をとった一七九一年八月二二日の夜に始まる一斉蜂起も逃亡、それも桁外れの規模の集団逃亡として展開されることになる。

第2章

ハイチ革命とフランス革命

―― 史上初の奴隷制廃止への道 ――

トゥサン・ルヴェルチュール

一　ハイチ革命の発端

「カイマン森の儀式」

まず、ハイチの〇・一〇グルド(約二円)切手を見ていただきたい(図2-1)。下段にはフランス語による正式国名〈RÉPUBLIQUE D'HAÏTI〉(ハイチ共和国)と〈CÉRÉMONIE DU BOIS CAÏMAN-14 AOÛT 1791〉(カイマン森の儀式、一七九一年八月一四日)の文字が書かれている。上段にはその「カイマン森の儀式」の情景が描かれている。実在を疑問視するなど諸説あるが、ハイチ人はこの儀式が奴隷解放と独立の発端となったと考え、八月一四日には野外劇などの記念行事を催している。

多くの画家が描いていて、図2-2に示したアンドレ・ノルミルの『カイマン森の儀式』(一九九〇年)はその代表作である。作者のノルミルには農村の景観や習俗を描いた作品が多いが、図のようなハイチ人の記憶を呼び覚ます歴史画も描いた。

「カイマン森の儀式」とはどのようなものだったのか。ハイチの歴史家ダンテス・ベルギャルドの『ハイチ人民の歴史、一四九二―一九五二年』（一九五三年）から引用する。

一七九一年八月一四日の夜、プレーヌ・デュ・ノール（現在のプレジノール）地域のモルヌ＝ルージュに位置するボワ・カイマンと呼ばれる森の中で奴隷たちの大きな集まりがあった。その目的は一斉蜂起の最終的なプランを決めることだった。集まりには農園を代表して約二〇〇人の奴隷監督が集結した。集まりを主宰したのはブクマンという名の黒人で、彼は

図 2-1 「カイマン森の儀式」を描いた 0.1 グルド切手

図 2-2 アンドレ・ノルミル作『カイマン森の儀式[1791 年 8 月 14 日]』(1990 年)

熱烈な言葉で集まった者たちを奮い立たせた。誓約をして閉会する前に感動的な儀式が行われた。激しい雨が降り雷が轟き稲妻が走るなか、長身の黒人女性が中央に現れた。彼女は手に持った鋭利なナイフを頭上でぐるぐる回し、髑髏《どくろ》の舞いを踊り、アフリカ風の唄を歌った。

みんなが地面に伏して、その唄について歌った。黒豚が引き出され、彼女はナイフで豚の腹を抉《えぐ》った。豚の血が木桶に集められ、泡立つ血が配られた。この女性神官が合図すると、みんなが跪《ひざまず》き、蜂起の首領とされたブクマンの命令に絶対服従すると誓った。

「集まりを主宰したブクマン」はブクマン・デュティといい、イギリス領ジャマイカ生まれの黒人奴隷だが、逃亡してサン゠ドマングに渡ってクレマンなる人物が所有するプランテーションの御者となり、ヴードゥーの最高位の神官（パパロア）でもあった。また、「長身の黒人女性」「女性神官」とあるのは、アフリカ人女性とコルシカ出身の白人男性との間に生まれたムラートで、名前はセシル・ファティマンという。

「カイマン森の儀式」とは、サン゠ドマング北部州の奴隷監督たちが集結し、ヴードゥーのセレモニーを通して一斉蜂起に向けて意志統一した集会であった。

一七九一年八月一四日は日曜日だった。「黒人法典」は日曜日を休労日としているが、奴隷主の異なる奴隷たちが集合することを禁じ、プランテーションからの逃亡には、ひかがみ（膝裏）の腱切断や百合の花を象《かたど》った烙印などの刑を科すことを定めている。奴隷監督たちは、発覚すれば厳罰を受けることを覚悟のうえで集合したのである。

それにしても、どのようにして二〇〇人もの奴隷監督たちが集結できたのか。文字を持たないから口頭伝達しかないし、長距離の移動も徒歩によるしかない。多様な通信・交通手段を持つ我々の想像の域を超えるが、それを可能にしたのは、自由を求めてやまない熱情である。こう言うほかない。

一斉蜂起

黒人奴隷の一斉蜂起は一七九一年八月二二日の夜に始まった。可能ならば蜂起した黒人奴隷たちの証言を示したいが、彼らは言葉を文字に出来なかった。以下には、後にフランスの議会が調査のために派遣したジャン・フィリップ・ガラン・ドゥ・クーロンの作成になる『サン＝ドマングの騒擾《そうじょう》に関する報告』(一七九七―一七九九年)から引用する。

八月二二日夜一〇時、アキュルで行動が開始された。チュルパとフラヴィルが所有するプランテーションを脱出した奴隷たちが近くのクレマンが所有するプランテーションの奴隷と合流、ここでブクマンとオーギュストを指揮官に選び、トゥルメ所有のプランテーション、ノエ伯爵所有のプランテーションへと移動していった。ノエのプランテーションでは管理人と精糖場主を殺害し、農園に火を放った。ランベに偵察に来ていた兵士がアキュルの方角に火の手が上がるのを目撃している。蜂起は燎原《りょうげん》の火そのままに、ランベ、ポール＝マルゴ、プチ＝タンス、カルチエ・モラン、リモナード、プレザンス、プレーヌ・デュ・ノールへと拡大した。ル・カップ(現在のカパイシアン)の近郊は炎に呑み込まれ、その炎はル・カップから真昼でも赤々と見えたという。二三日早朝までに殺害されたプランテーション所有者、管理人、精糖場主は三七名に達した。逃げ遅れた白人はほとんど殺されたが、奴隷に慕われていた白人で死を免れた者もいた。

蜂起した黒人たちはル・カップへと向かった。その数一万二〇〇〇から一万五〇〇〇だったが、パニックに陥ったル・カップの住民は四万とも五万とも噂し合った。奴隷の三人に一人はプランテーションで奪った銃を持ち、その他の者も様々な労働用具で武装していた。ル・カップに至る道路はほとんどが遮断された。そのため、植民地議会に出席するべく西部州のレオガンヌからル・カップに向かった議員はスペイン領のサント・ドミンゴを経由しなければならなかった。そのうちの二人はル・カップ到着前に奴隷の激怒の犠牲になった。

このように、アキュルで開始された奴隷蜂起は、行く先々でプランテーションの奴隷を丸ごと糾合し、数日のうちに北部州の大半を席捲した(図2-3)。一七九一年末までに合流した奴隷の推定数は五万人、一〇万人、一五万人など史料や文献によって異なるが、控え目に五万人としても北部州の奴隷約一七万人のおよそ三割になる(図2-4)。

シャルル・フロスタンによれば、九月末までに殺された白人は一〇〇〇人以上、放火された砂糖プランテーションは一六一、コーヒープランテーション一二〇〇、損害額は約六億リーヴ

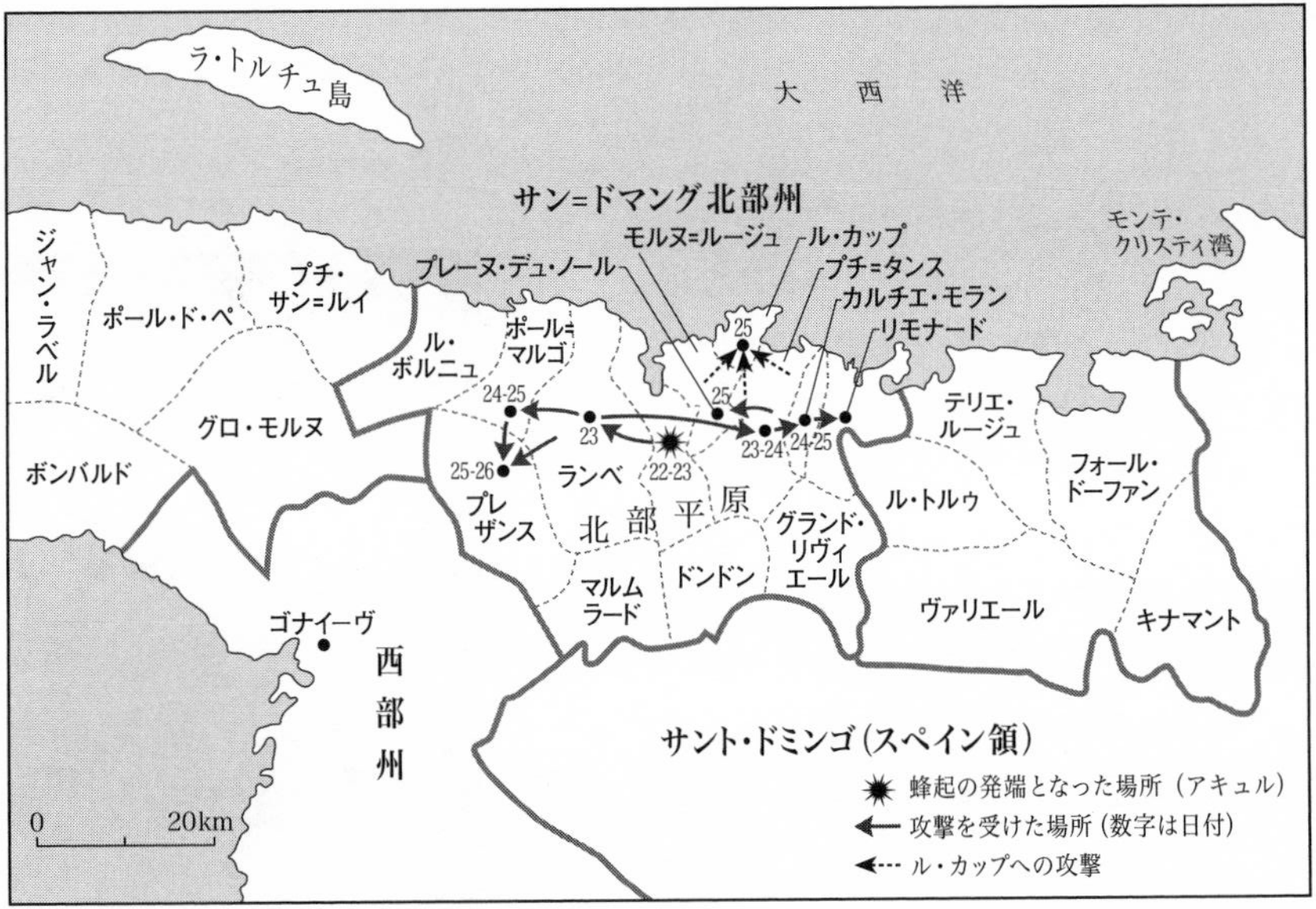

図 2-3　黒人奴隷蜂起の拡大

図 2-4　黒人奴隷蜂起を伝える図版

ルに達した(『一七、一八世紀サン＝ドマングでの白人の反乱』)。当時、北部州には二八八の砂糖プランテーションと二〇〇九のコーヒープランテーションがあったとされるから、わずか一カ月間で六割に近いプランテーションに被害が出たことになる。

このように奴隷蜂起がかなりの破壊と殺戮を伴った要因として、ヴードゥーに特有な「熱狂」や「祖国意識の欠如」を挙げる研究もあるが、より根本的には、奴隷主が日常的に行使してきた暴力、そして、これに非暴力で抵抗するのに不可欠である基本的人権の剝奪、ひとことで言って奴隷制そのものを挙げなくてはならないだろう。

では、自由を求める黒人奴隷たちの蜂起に、フランスはどのように対処するのだろうか。

二　フランス革命と植民地・奴隷制問題

サン＝ドマングでの黒人奴隷蜂起の初報が本国の議会（当時は立法国民議会）に届いたのは、一七九一年一〇月二七日のことである。それは、バスティーユ襲撃事件（一七八九年七月一四日）に始まり、「人権宣言」の採択（一七八九年八月二六日）、国王ルイ一六世一家のヴァレンヌ逃亡未遂事件（一七九一年六月二〇―二一日）を経て、最初の憲法である一七九一年憲法（一七九一年九月三日）へと続くフランス革命の絶頂期にあたる。

ハイチ革命はフランス革命が掲げる「自由・平等・友愛」の理念の真価とともに、レイシズムや植民地主義に対する姿勢を判別するリトマス紙となるので、詳しく追跡する。

植民地の代表権、植民地議会

フランス革命の開始とともに植民地の問題が、そして、これに連動して黒人奴隷制に関わる問題が発生していた。

最初は、一七八九年五月五日に招集された全国三部会（同年六月二〇日に国民議会、七月九日に憲法制定国民議会、一七九一年九月三〇日に立法国民議会、一七九二年九月二一日には国民公会の名称になる）で、植民地は議席を持つのかどうか、議席を持つとすれば何人なのか、選挙権と被選挙権を持つのは誰か、という問題である。問題の核心は、「雄弁家」で知られたオノレ・ミラボーの歯に衣を着せぬ表現では、「黒人奴隷と有色自由人を人間とみるか、それとも駄獣とみるか」にあった。

一七八九年七月四日の国民議会は、選挙権と被選挙権を白人に限定して、サン＝ドマングの議員数を六名とした。この数は国内で行われた「人口二万人につき議員一人」という基準に照らすと過多である。同年の白人人口は約三万一〇〇〇人であり、本国と同じ基準に従えば、せいぜい二名である。しかし、サン＝ドマングの白人からの強い要求を容れて、貿易額、負担税額、人口数（そのなかには奴隷と有色自由人も含まれた）などの「経済的重要性」を加味し、行政管区が北部、西部、南部の三州からなることにより各州二名、計六名とされた。

それから約二カ月後、八月二六日の憲法制定国民議会が「人権宣言」（正式には「人の権利と市民の権利の宣言」）を採択した。しかし、「人は自由かつ権利において平等なものとして生まれ、生存する」（第一条）の「人」には黒人奴隷や有色自由人も含まれるのかどうか、明記されていなかった。というのも、「人権宣言」は抽象的な原理の表明であって、個別具体的な「人」の権利をうたったものではないからである。

サン＝ドマングの白人たちは、本国の議会に議席を要求する一方で、自治的な植民地議会の設置も求めた。これに対して本国政府は、一七九〇年三月八日の法令で「植民地を本国に結合し相互の利益保存を保障する原則に服するという条件で、植民地の組織、立法、行政に関して請願することができ」「請願は植民地議会が行う」と定めた。この法令にはまた、「植民者とその財産を特別の保護のもとに置く」という一文があった。これは「黒人」とか「奴隷」という言葉を使わずに黒人奴隷制を維持することを確認したものである。黒人奴隷は奴隷主の財産(動産)だからである。

また、この法令を補完する三月二八日の通達は、「不動産所有者または不動産を所有せずとも二年以上植民地に居住し納税する満二五歳以上のすべての人は植民地議会を編成する」とした。しかし、ここでも「すべての人」とは誰のことを言うのかは明記されなかった。約半年後の一〇月一二日の法令は「人の身分に関する法は植民地議会の要請に基づいてのみ作成する」とした。本国の議会が発議することはなく、植民地議会つまりは現地の白人の意向に委ねるとしたのである。それはとりもなおさず、奴隷制は廃止しないということにほかならない。

有色自由人の法的平等

フランス革命当時のフランス本国にはどれほどの黒人やムラートが住んでいたのか。正確なことは分かっていないが、多く見積もって四〇〇〇人ないし五〇〇〇人というのが穏当のようである。するとフランスの総人口約二七〇〇万人の〇・〇二%程度である。

首都パリについても詳細は不明だが、ピエール・H・ブールの研究によれば、パリとその近郊で一七七七年から一七九〇年までに届出のあった非白人(多くはムラート)は七六五人、男五八一人、女一八二人、性別不明が二人で、四割弱が奴隷身分、六割方が自由身分だった。これらのうち約八割が「召使い」だが、自由身分の有色人のなかには「職人」「店員」などの職を持つ者もあった。フランス語の識字率も計算でき、三年以上在住した場合には半数以上が署名可能で、その率はパリのフランス人の平均値と大差ないものだった(「革命前夜パリの有色人」)。

有色自由人は法的な平等を求めた。その主張は、サン＝ドマング出身の有色自由人でパリに在住していたヴァンサン・オジェやジュリアン・レイモンらが、一七九〇年一月三〇日の議会に提出した「公開状」に簡潔に示されている。すなわち、「「黒人法典」と「人権宣言」に基づいて我々が能動的市民であることを議会が表明する」ことである。

少し解説しよう。フランスの市民は、「能動的市民 citoyen actif」と「受動的市民 citoyen passif」とに区分された。能動的市民とは、二五歳以上のフランス人男性で、一年以上フランスに定住し、最低三日分の賃金相当額を納税する者とされ、彼らだけが参政権を認められた。一七九一年五月の統計では四二九万八三六〇人で、全人口の一五・六%、二五歳以上の成人男性中の六一%である。オジェもレイモンもサン＝ドマングに小さいながらプランテーションを所有していたから、能動的市民に該当していたのである。

有色自由人の法的平等について議会で本格的に論議されたのは一七九一年五月のことである。それには凄惨な事件がきっかけとなった。

オジェやレイモンらは議会への請願を繰り返していたが、一向に埒が明かない。業を煮やしたオジェは一七九〇年九月にフランスを発って一〇月末にサン＝ドマングへ帰島する。途中ロンドンとフィラデルフィアに立ち寄り、フィラデルフィアでは大量のマスケット銃を手に入れた。オジェは彼の兄弟や同じくムラートで有色自由人のジャン＝バチスト・シャヴァンヌら数百人とともに武装蜂起した。だが、大砲を装備した一五〇〇人の軍隊の前に屈し、反乱軍の多くが捕らえられた。スペイン領サント・ドミンゴに逃れたオジェとシャヴァンヌらも逮捕され、二カ月に及ぶ裁判の後、一三人がガレー船送り、二一人が絞首刑となった。

一七九一年二月六日、首謀者であるオジェとシャヴァンヌは、次のような判決文に従って「車裂きの刑」となった（『サン＝ドマングの騒擾に関する報告』）。

生きたまま両腕・両脚・大腿部・脊椎骨を潰し、身体を車輪の上に載せるべし。顔は天に向け、神が生存をお許しになる間はそのままにしておくべし。しかして死に至ったなら、首を斬り落として柱に載せて晒すべし。

フランス本国では残虐だとして革命前には廃止されていた「車裂きの刑」が、サン＝ドマングで執行されたというニュースが届くと、植民地当局に対する批判が噴出した。「オジェ事件」によって本国議会がようやく有色自由人の法的平等について議論することになったのである。

「黒人の友の会」

法的平等を求める有色自由人に共鳴して支持を表明したのは、「黒人の友の会」(Société des Amis des Noirs)のメンバーである。奴隷貿易や奴隷制に反対する動きは一八世紀後半、イギリスを皮切りに各地で起きていたが、この「黒人の友の会」は、一七八七年に渡英して「奴隷貿易廃止協会」のウィリアム・ウィルバーフォース、トマス・クラークソン、グランヴィル・シャープらと接触し、その名誉会員となったブリッソ・ドゥ・ワルヴィルが、一七八八年二月一九日にパリに設立した組織である。

主な会員は、会長のコンドルセ侯爵のほか、ブリッソ、アベ・シエイエス、ラファイエット侯爵、アベ・グレゴワールなどフランス革命を担った政治家や思想家たち一〇〇名内外である。マキシミリアン・ロベスピエールの入会については説が分かれていたが、一九九八年に刊行された「黒人の友の会」の全会議録にはロベスピエールの名がないことが判明した(マルセル・ドリニー/ベルナール・ゲノ『黒人の友の会、一七八八―一七九九年』)。

図2-5上は「黒人の友の会」の発行物に印刷された図像(メダイヨン)である。鎖につながれ

て跪き手を合わせ哀願するポーズの黒人を中央に描き、周囲には「私はあなたの兄弟ではないのでしょうか？ NE SUIS-JE PAS TON FRERE?」というフランス語が書かれている。このメダイヨンももともと、奴隷貿易廃止運動の一環としてイギリスの製陶業者ジョサイア・ウェッジウッドが考案したものである（図2-5下）。

これを見ると、「黒人の友の会」は奴隷制廃止論者《アボリショニスト》の集まりであったかのような印象を受ける。一七八八年の設立総会でブリッソが行った演説や会則の前文では、黒人奴隷貿易と黒人奴隷制の残酷・不法・非人道性が告発され、その廃止が唱導された。だが黒人奴隷制の廃止を終始一貫して主張し続けたのではない。

図 2-5 「黒人の友の会」が用いたメダイヨン(上)と，ウェッジウッドが考案したもとの図像(下，1787 年頃のジャスパーウェア)

次に示す一七九〇年一月二一日付の「国民議会宛パリの黒人の友の会の公開状」は、「黒人の友の会」が初めてその主張を国民議会に提示したもので、書いたのはブリッソである。

諸君は、すべての人が自由かつ権利において平等であることを宣言し、不滅の記念碑〔「人権宣言」のこと〕に刻んだ。我々が擁護する人々は、我々と同じ市民であり、同じ人間であり、同じ権利を持っている。参政権のみが人間の尊厳を立証するのだが、我々は黒人にこれを回復させることを要求するのではない。我々は彼らの自由を要求するのではない。黒人の即時解放は植民地に致命的な作用を及ぼすだけでなく、卑賤と無能の状態にある黒人にとっても致命的となろう。まだ自由を要求する時期ではない。我々は黒人奴隷貿易の中止を要求するだけである。この窃盗行為、残虐な暗殺行為を正当化するためにフランスの名を汚すことを止めるよう要求する。黒人奴隷貿易の廃止は人道上のみならず国庫、コロン、商人、産業家、これらすべての利害に合致するものである。

このように、黒人奴隷貿易の廃止を求めるだけである。「まだ自由を要求する時期ではない」とするのは、黒人奴隷が「卑賤と無能の状態にある」からだという。だが、そうした黒人観は、一七八八年夏から約半年間渡米して南部の黒人問題の実情を見聞してきた当のブリッソが、帰国後の「黒人の友の会」の会合で、一般に流布している「黒人の精神は白人に劣る」という見方は偏見であって、「黒人の知的能力は白人と遜色がない」と報告したのとは矛盾する。

より大きな理由は「黒人の即時解放は植民地に致命的な作用を及ぼす」との見方にある。「黒人の友の会」は植民地を持つことを批判するわけではなく、まして「植民地の放棄」を唱導するのではない。むしろ植民地の保持を自明の前提とした改革を提唱するのである。有色自由人の自由と平等は「黒人法典」で認められた既得権であり、これを保持し続けることは植民地を守るためにも得策なのだとされた。「黒人の友の会」は黒人奴隷貿易の廃止を要求し、有色自由人の法的平等を支持するが、黒人奴隷解放のためのプログラムまでは持たない。

根強い抵抗

一方、有色自由人の法的平等に反対したのは、サン＝ドマングのプランテーション所有者で植民地代表権要求の旗頭となったグゥイ・ダルシ侯爵、グァドループ選出の議員で後に植民地関連法令集を編纂するなど「植民地通」で知られたモロ・ドゥ・サン＝メリ、サン＝ドマングへの派遣委員や南米ギアナ総督などを歴任したピエール・マルエ男爵などである。彼らは一七八九年八月二〇日に初会合が持たれた「フランス植民者《コロン》通信協会」（サン＝ドマングに砂糖プランテーションを所有したパリのモルダン・ドゥ・マシャック侯爵邸を会合場所としたことから「マシャック・クラブ」と通称された）に結集してロビー活動を展開した。

また、一七八九年から一七九一年頃にかけて熱心な立憲君主制主義者として活躍したアントワーヌ・バルナーヴも、植民地には直接の利害関係を持たないが、力強い代弁者となった(ガブリエル・ドゥビアン『サン゠ドマングのコロンと革命』)。

彼らが有色自由人の法的平等に反対する理由は、いたってシンプルである。有色自由人の法的平等を認めると、それが蟻の一穴となって奴隷制の廃止に道を開き、ひいては植民地の喪失につながる、という理屈である。サン゠メリは一七九一年五月七日の議会でこう演説した。

諸君の富、諸君の貿易を放棄するか、植民地には権利の宣言(「人権宣言」)が適用されないことを明確に表明するかしかない。もし植民地を本国と同じ法のもとに置くなら、植民地はただちに無効となり植民地との貿易を失うことになろう。そして、もし植民地がなくなるようなことにでもなれば、ヨーロッパにおける諸君の国是、通商、栄光、政治的地位の喪失を招くことになろう。しかり、もし諸君が権利の宣言の方をとるなら、植民地はなくなるであろう。

奴隷制なくして植民地はない。植民地を保持し続けたければ、奴隷制を根幹とする従来の植民地体制に一切の変更を加えるべきではない。直截に言えば「植民地がなくなってもいいのか、なくしたくないのなら人権宣言を棄てろ」ということである。有色自由人に法的平等を認めることの是非を黒人奴隷制の是非に、さらに植民地保持の是非にすり替えた論法は恫喝的な響きを持っている。

両陣営が対立するなかで影響力を持ったのは、有色自由人レイモンの言葉である。彼は議員ではないが、一七九一年五月一四日の会議の休憩時間に特別発言を許され、こう述べた。

皆さんは、我々が能動的市民の資格を得たなら、黒人奴隷と互いの救済のために同盟を組むとでも考えておられるのか。そんなことはない。たとえ黒人奴隷が蜂起しても、我々が蜂起することはない。黒人を奴隷制のもとで維持することに利害を持つ有色自由人は白人と同盟することでしょう。

先述のとおり、レイモンはサン＝ドマングに小さなプランテーションを所有する人物である。その彼は、黒人奴隷と同じく有色ではあるが、有産者であることから一線を画し、白人との連携を表明したのである。

国民議会は一七九一年五月一五日に、「自由人の父母から生まれた有色人」に限って法的平等を認める法令を可決した。「黒人法典」の出生上の身分規定や解放規定では、有色人が「自由人」となるには両親ともに「自由人」であることを必要としていないし、解放奴隷の場合には出生の如何は問われなかったから、「黒人法典」から後退していることになる。

だが結局、この五月一五日法令は実施されなかった。約四カ月後、憲法制定国民議会が解散する六日前の九月二四日に、バルナーヴが「不自由人の身分、ムラート及び自由黒人の政治的身分に関する法は、植民地議会が策定し、直接に〔つまり、議会での議決を経ずに〕国王の批准によって制定される」との法案を提出し、「黒人の友の会」やロベスピエールらの反対を押し切って可決されたためである。

時間は前後するが、これに先立つ一七九一年九月三日、フランス革命の最初の憲法である一七九一年憲法が制定されていた。その前文は「人権宣言」を掲げているのだが、「アジア、アフリカ、アメリカのフランス領植民地はフランスの一部であるが、本憲法には入らない」とされた。つまり、「人権宣言」は植民地には適用されない、ということである。

有色自由人の法的平等は、こうしていったん反故《ほご》になったのだが、実際にそれが認められるには、もう一つの契機が必要であった。それこそが、サン＝ドマングにおける黒人奴隷の一斉蜂起のニュースである。黒人奴隷の蜂起に対する警戒や危惧は以前からあった。だが、それが現実に起こったことは青天《せいてん》の霹靂《へきれき》であった。サン＝ドマングからの初報がイギリス船に託して運ばれたことから、「イギリスの陰謀でデマではないのか」と観測されるほどであった。

憲法制定国民議会に代わって開設された立法国民議会で主導権を握ったのはブリッソだが、黒人奴隷蜂起の初報から約四〇日後の一七九一年一二月三日の議会で次のように述べた。

黒人奴隷が単独で蜂起するとは考えられない。有色自由人が加担したに違いない。ヴァンサン・オジェが残酷に処刑されたことや、五月一五日法令がすべての有色自由人の法的平等を認めたものではなく、加えて法令の施行が棚上げになったことが有色自由人の怒りを買った、これらが原因であろう。サン゠ドマングの崩壊を防がなくてはならない。そのためには、白人と有色自由人が協同することが必要である。

ブリッソは有色自由人の法的平等を盛り込んだ法令を提案した。その法令が成立したのは翌一七九二年三月二四日、国王の批准を得て発効したのは四月四日のことである（法的平等を獲得した有色自由人は、この日付に因んで「四月四日の市民」と呼ばれることになる）。

こうして有色自由人は、年来の要求を黒人奴隷蜂起に乗じて、そして黒人奴隷に敵対することによって実現した。さしずめ「漁夫の利を得た」と言ってよかろう。一方、解放を求めて蜂起した黒人奴隷には法的平等どころか待遇改善の方策すら採られなかった。

三　史上初の奴隷制廃止

奴隷蜂起と植民地戦争

サン゠ドマングで蜂起が勃発した後も、黒人奴隷に対する本国の対応は冷淡であった。黒人奴隷が解放されるには、さらにもう一つの契機が必要であった。それは革命戦争の開始、対イギリス、対スペインへの宣戦布告の影響がサン゠ドマングに及ぶことである。

有色自由人の法的平等を定めた一七九二年三月二四日の法令を実施に移す任務を帯びたレジ

エ・フェリシテ・ソントナクス、エティエンヌ・ポルヴレル、ジャン＝アントワーヌ・エローら三名の政府代表委員がサン＝ドマングに到着したのは九月一七日、総勢六〇〇〇の国民軍が到着したのはその翌々日、一七九一年八月の黒人奴隷蜂起から一年以上を経てのことであった。

一七九二年四月、フランスはオーストリアに宣戦布告し、翌年二月から三月にはイギリス、スペインとも戦争に突入した。戦争はカリブ海にも波及する。サン＝ドマングの東隣サント・ドミンゴからはスペイン軍がサン＝ドマング北東部に侵攻してくる。イギリス軍も一七九三年五月にマルチニックに侵攻し（この時は退却し、実際に占領するのは一七九四年三月）、さらにはサン＝ドマングへの侵攻も狙う。イギリス軍のサン＝ドマング侵攻には、敵国フランスの植民地の要衝を奪取するという目的に加えて、サン＝ドマングの奴隷蜂起の影響が至近にある自領の奴隷制植民地ジャマイカに波及するのを防止するという意図もあった。

サン＝ドマングの白人たちの間にイギリスと同調する動きも現れる。一七九二年九月三日、フランス人コロンとジャマイカ総督との間に協定が締結され、「イギリス国王はフランス人コロンが革命前に持っていた財産と権利を保障する」こととの引き換えに、「フランス人コロンはイギリス国王への忠誠を誓う」とされた。この協定を受けて、イギリス軍は九月一九日にはサン＝ドマングに上陸して南西部の一帯を制圧し、それは最終的には一八〇三年まで続くことになる。

サン＝ドマングの白人による本国からの離反の動きに、王政の廃止（一七九二年九月二一日）とルイ一六世の処刑（一七九三年一月二一日）が拍車をかけた。フランスの軍隊は共和派と王党派に分裂し、王党派の将校のなかにはスペイン領サント・ドミンゴへ脱走する者も出てくる。黒人奴隷蜂起の直後から難を逃れて帰国したり逃亡したりする者がいたが、一七九三年六月に起こった「マカヤ事件」と呼ばれる黒人による白人の虐殺事件が起こると、一万人にも及ぶ白人がアメリカ合衆国やジャマイカへ向けて避難した。

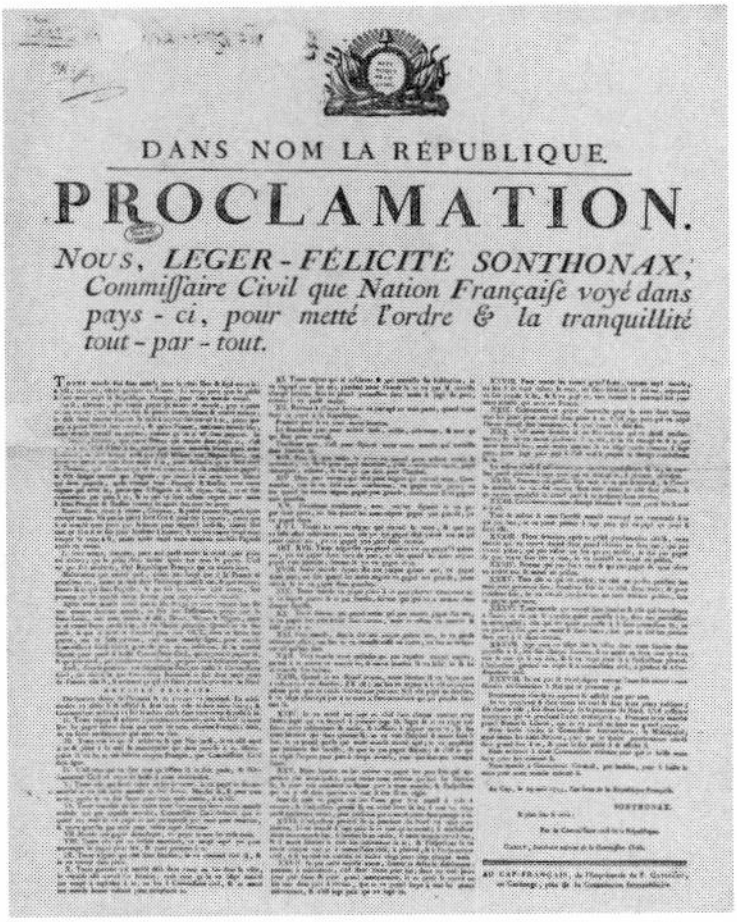
DANS NOM LA RÉPUBLIQUE.

PROCLAMATION.

Nous, LEGER-FÉLICITÉ SONTHONAX, Commissaire Civil que Nation Française voyé dans pays-ci, pour metté l'ordre & la tranquillité tout-par-tout.

図 2-6　ソントナクスの「奴隷解放宣言」

こうした急迫する状況のなか、ソントナクスらの政府代表委員は新たな局面に立たされる。危機打開の方策として考え出したのが黒人奴隷に武器を与えてイギリス軍、スペイン軍と戦わせることであり、その代償が奴隷解放であった。ポルヴレルが一七九三年八月二七日に北東部で、ソントナクスが八月二九日に南西部で、それぞれ「奴隷状態にあるすべての黒人、ムラートは自由であり、フランス市民たる権利を享受する」と宣言したのである(図2-6、図2-9)。

だが、この解放宣言は越権行為である。なぜなら、政府代表委員に付託されていたのは有色自由人の法的平等を認めた一七九二年三月二四日の法令の実施にとどまり、それ以上の権限はないからである。だから、政府代表委員による解放宣言には本国の議会(この時点では国民公会)の批准が必要になる。そこで、ソントナクスはサン＝ドマング北部州で国民公会議員の選挙を実施した(イギリス軍の侵攻が続いていた西部と南部は除外された)。その結果、一七九三年九月二三日には白人、有色自由人、元黒人奴隷から各二名の計六名が選出された。

彼らは第一陣と第二陣に分かれて行動し、フィラデルフィア、ニューヨークを経由してフランスへと向かった。白人のルイ・デュフェイ、有色自由人でムラートのジャン＝バチスト・ミル、元奴隷のジャン＝バチスト・ベレイの三人からなる第一陣は、翌一七九四年一月中旬にフランスに到着し、二月三日には拍手と歓声のなかで国民公会の会議場となっていたパリの「テュイルリー劇場」に入った。

トゥサン・ルヴェルチュール

ソントナクスが奴隷解放を宣言したのと同じ一七九三年八月二九日、蜂起に合流していたトゥサン・ルヴェルチュールが次のようなアピールを発した。

同胞、友人諸君。私はトゥサン・ルヴェルチュールである。私の名はたぶん諸君もよく知っていることだろう。私は復讐に着手した。私は自由と平等がサン゠ドマングに君臨することを望んでいる。私はその実現のために働く。同胞諸君、我らのもとに結集し、同じ大義のためにともに闘おうではないか。

諸君の忠実なる下僕　公益の味方である国王軍の将軍　トゥサン・ルヴェルチュール

史料のなかにトゥサンの名前が登場するのは、これが最初だが、この頃には彼の名がサン゠ドマングの黒人たちに定着していたことが判る。

一七九一年八月二二日の黒人奴隷蜂起は、トゥサンが住んでいた場所のすぐ近くで起こった。古くは、トゥサンは「カイマン森の儀式」と一斉蜂起に最初から加わっていたとする説もあったが、近年では、トゥサンはしばらく静観していて、ブクマンが捕らえられ処刑された(一七九一年一一月七日)後に合流した、とする見方が支配的である。

こうした経緯を理解するには、彼の人となりを知る必要がある。概略は拙著『カリブからの問い』を、詳しくは翻訳のあるシリル・ライオネル・ロバート・ジェームズ『ブラック・ジャコバン』と、ジャン゠ルイ・ドナディウー『黒いナポレオン』を参照していただくことにして、ここでは、ごく簡潔に示そう。

トゥサン・ルヴェルチュール(Toussaint Louverture　一七四三?—一八〇三年四月七日)の母親ポリ

ーヌと父親ゴギーヌは、ともに西アフリカの生まれだが、奴隷貿易によりサン＝ドマングに連行され、北部州プレーヌ・デュ・ノールのブレダに位置したノエ伯爵所有のプランテーションの奴隷となった。父方のルーツは現在のベナンにあったアラダ王朝の首長(一説では軍司令官)にまで遡るという。時期は明確ではないが(おそらくトゥサンが七歳の時)父ゴギーヌは若干の土地と五人の奴隷を与えられて解放奴隷となった。男五人、女三人の八人きょうだいの長子として誕生したトゥサンは、生地の名に因んでトゥサン・ブレダと名付けられた。生年月日は確定されていない。生年は一七四三年説が、誕生日は五月二〇日説が有力だが「トゥサン Toussaint」が「万聖 all saint」の意味であることから、一一月一日とする説もある。

ノエ伯爵はパリ在住の不在地主で、プランテーションの管理をベヨン・ドゥ・リベルタという白人に委ねていた。ベヨンは開明的な精神の持ち主で、また、ことのほかトゥサンを重用して御者の仕事を与えて自分の助手にし、カトリックの神父の許でフランス語の読み書きや算術を習わせた。トゥサンは、古代ローマのユリウス・カエサルの『ガリア戦記』やストア派哲学者エピクテトスの作品をはじめとする多くの書物、そして「けっしてクラッススにまみえることのない新しいスパルタクス」という文章が出てくるレナールの『両インド史』など、啓蒙思想家の書物も読んでいたとも言われる(レナールについては第五章で改めて取り上げる)。

詳細は解明されていないが、従順で勤勉な性格と功労に対する報奨として、三四歳の時(一七七六年頃)に、トゥサンは解放奴隷となった。そして、二〇ヘクタールほどの土地と一三人のクレオールの黒人奴隷を所有して、小規模なコーヒー園を経営することとなった。彼自身の証言によれば、約六五万フランという、当時では中規模のプランテーション所有者の資産に匹敵する蓄財をなしていた。

クレオールの解放奴隷にして、豊かな教養と資産の持ち主であるトゥサンは、多くの黒人奴隷とは異なる境遇にあった。また、敬虔なカトリック教徒でもあり、ヴードゥーとは距離をおき、過度の暴力や残虐な行為を戒めたともいわれる。

このような人となりのトゥサンが、黒人奴隷蜂起に合流することになった直接の動機を知ることはできない。パンフィル・ドゥ・ラクロワによれば、トゥサンは「内なる声が私にこう告げた。黒人は自由であり、彼らは指導者を求めている。それゆえ、私はレナール神父が予言した黒人のスパルタクスにならなくてはならない」と語ったとされているが(『サン＝ドマング革命史のためのメモワール』)、史料上の裏付けは得られてはいない。だが前章で見たように、逃亡奴隷のフランソワ・マカンダルに共鳴していたことからも、奴隷解放に強い意志を持っていたことは動かしがたい。こうして、トゥサンはハイチ革命に身を投じた。

蜂起に合流したトゥサンは薬草の知識を買われて衛生隊の監督となり、「フランス王の軍医総監」と呼ばれた。時期は確定できないが一七九三年三月までに、トゥサンはジャン＝フランソワ・パピヨン、ジョルジュ・ビアスーらとともにサント・ドミンゴを支配するスペイン軍に加わった。フランスが奴隷解放に消極的であったことが一因だが、サント・ドミンゴ総督ドン・ガルシアから、スペインとの同盟を条件に、資金や兵糧だけでなくスペイン市民としての自由と権利を与えるとの言質を得たためである。そして同年一〇月には、トゥサンとスペインの同盟軍がサン＝ドマング北部州を制圧した。だが、サン＝ドマングの黒人奴隷解放を断念したわけではない。そのことを示すのが、上述した一七九三年八月二九日のアピールである。

そのアピールには「国王軍の将軍」という肩書が書かれている。蜂起した黒人奴隷たちはブルボン王家の紋様である百合の花をあしらった白旗を掲げ、「国王の臣下」と称した。蜂起の指導者たちも、例えばパピヨンは「フランス王の司令長官」、ビアスーは「征服地の副王」と称した。蜂起した黒人奴隷たちがフランス国王支持の態度を取ったことは奇異だが、本国議会や植民地の白人の動向を見れば、説明は可能である。ハイチ革命の初期の段階では、フランスからの独立は意識されておらず、当面の目標は奴隷状態から自由になることだったから、闘いの矛先は奴隷主である白人に向けられた。その白人は「排他制度」への不満などから、本国からの離反の動きを見せていた。それ故、黒人奴隷たちにとって、フランスの国王と議会は、さしずめ「敵の敵」であり、その限りで味方にできるものだったのである。

その後のトゥサンの足跡も、前もって辿っておこう。

一七九四年五月、トゥサンはスペイン軍を離れてフランス軍に加わった。スペインから自由を与えられたのが武装して軍に加わった黒人だけだったために、多くの黒人は解放から取り残されていたことが一つの理由だが、本国の議会が奴隷制の廃止を宣言したという情報を得たことが決定的だった。フランス軍に合流したトゥサンは、同年六月にはスペイン軍からサン＝ドマング北部州を奪還し、サン＝ドマングに侵攻してきていたイギリス軍とも戦闘を続けて各地で勝利し、一八〇〇年七月末にはサン＝ドマングのほぼ全域を平定した。

その間、こうした戦功によって、一七九六年三月末にはサン＝ドマング総督エティエンヌ・ラヴォーにより総督補佐官に、同年六月にはフランス政府代表委員ソントナクスにより少将に、翌一七九七年五月には同じくソントナクスにより総司令官に任命されるというように、「昇進」の道を辿る。さらに、ナポレオンは一八〇一年二月六日にトゥサンを将軍に登用した。

黒人奴隷制廃止宣言

一七九四年のフランス議会に戻る。二月四日、国民公会は以下のような植民地黒人奴隷制の廃止宣言を採択した(図2-7)。

国民公会はすべての植民地において黒人奴隷制が廃止されることを宣言する。従って国民公会は、植民地に居住する人はすべて、肌の色の区別なしにフランスの市民であり、憲法が保障するすべての権利を享受するものであることを宣言する。
国民公会は、本法令の施行のために講じられるべき措置について、たえず公会に報告をなすよう、これを公安委員会に委託する。

この時の様子を議事録『アルシーヴ・パルルマンテール』などによって詳しく辿ろう。

まず、サン＝ドマング選出の白人議員のルイ・デュフェイが、一七九一年八月の奴隷蜂起から一七九三年八月末のポルヴレルとソントナクスによる解放宣言に至る経緯を述べ、「黒人奴隷たちがフランスの植民地を救った。彼らは植民地のサン＝キュロット〔「キュロットを穿かない人」という意味。フランス革命の推進力となった社会層の一つで、主に手工業者、職人、小店主、賃金労働者など〕なのです」とした。

これを受けて、ルネ・ルヴァッスールが黒人奴隷制廃止の動議を提出した。憲法を作成したとき、我々は黒人のことまでは思い至らなかった。このままでは、我々は

図 2-7　ニコラ・A・モンシオ作『国民公会が奴隷制廃止を宣言［1794 年 2 月 4 日］』(年代不詳)

後世の人々に責めを負うことになりましょう。誤りを正そうではないか。黒人たちの自由を宣言しようではありませんか。議長、国民公会がこれ以上議論を重ねることは、それだけ我々の不名誉を重ねることになるのであります。

総立ちになった議員が盛大な拍手で賛意を表明した。ジャン＝フランソワ・ドゥ・ラクロワの先導で議長席に向かったムラートのジャン＝バチスト・ミルと黒人のジャン＝バチスト・ベレイに議長が接吻を与えると、いっそう盛大な歓声が起こった。

次いでラクロワが宣言文を提案した。それは先に示した宣言文の前段部分である。ラクロワの提案がそのまま通過するかに見えた時、ジョルジュ・ジャック・ダントンが追加提案した。それは宣言文の後段部分に当たる。結局、国民公会はラクロワの提案とダントンの追加提案を合体させた宣言文を採択したのである。

こうして、当時、黒人奴隷制の植民地を領有していたイギリス、スペイン、ポルトガル、オランダなどのヨーロッパ諸国や、独立後も黒人奴隷制を温存していたアメリカ合衆国に先駆けての、世界史上最初の黒人奴隷制の廃止に至ったのである。

ここで、廃止宣言をめぐるいくつかの問題に言及しなくてはならない。

第一は、黒人奴隷制廃止の是非にまで立ち入った議論がなかったことである。植民地代表権、植民地議会、有色自由人の法的平等、いずれの問題も本質的には奴隷制の存廃の問題と不可分だが、議会は一貫して議論を回避したまま、奴隷制を維持し続けてきた。そうした流れから見れば、この廃止宣言は唐突で「急転直下」の感が否めない。

第二は、当日の国民公会の出席者数と採決方法についてである。出席者は一八〇名で、それは国民公会の議員総数七四九名のうちの四分の一弱である。普段でも出席者は二五〇ないし二六〇名程度と多くはないのだが、二月四日の場合はさらに少数だった。採決は指名点呼あるいは起立によって行うのが普通だが、廃止宣言の場合は拍手と歓声による採決だった。

議事録を読む限りでは廃止宣言が満場一致で採択されたように見えるが、宣言に反対ないし疑念を持つ者が皆無ではなかった。拍手と歓声による採決がこれを表面化させなかったか、あるいは「国民公会がこれ以上議論を重ねることは、それだけ我々の不名誉を重ねることになる」としたルヴァッスールの演説が、反対意見や疑念の表明を封じる効果を持ったかも知れない。イヴ・ブノによれば「名前は分からないが、幾人かの議員が法令の差し戻しや採決の延期を提案した」という(「国民公会はどのようにして共和暦二年に奴隷制の廃止を決議したのか」)。

翌二月五日はロベスピエールが自身の政治理念である「徳と恐怖」、「徳なき恐怖は忌まわしく、恐怖なき徳は無力である」とした演説を行った日だが、彼の演説に先立って前日の議事録が読み上げられると、廃止宣言に対する批判が出た。だが、アベ・グレゴワールやデュフェイ、ラクロワらの演説が支持され、議事録どおりに確認して公安委員会に送付することとなったのである。

「恩恵」としての奴隷解放

第三の問題は、黒人奴隷制廃止についてのスタンスである。少し長くなるが、追加提案したダントンの演説を服部春彦の訳で示そう(河野健二編『資料 フランス革命』)。

フランス人民の代表者諸君。これまで我々は、エゴイストとして我々だけのために自由を布告したに過ぎなかった。だが今日、我々は全世界に向かって普遍的な自由を宣言するのであり、後世の人々はこの法令のなかに自らの栄光を見出すであろう。昨日、議長が有色人種の議員に友愛の接吻を与えたとき、私は、国民公会が我が兄弟たちの自由を宣言すべきときが来たことを悟った。だが、自由の恩恵を与えたのち、我々は調停者にならなければならない。この法令を人類にとって有用で、しかも何らの危険もないものにするための手段を考え出すことを、公安および植民地の両委員会に委託しようではないか。我々は、我々の事業を不完全なものにすることによって、自らの栄光を傷付けてきた。有徳な〔バルトロメ・デ・〕ラス・カサス〔一四八四―一五六六年。スペインのドミニコ会士としてメキシコなどで布教活動に携わるなかで、先住民インディオの権利擁護のために尽力したことから、「インディオの使徒」とも「アメリカの父」とも呼ばれる〕が詳述した偉大な原理は無視されてきた。我々は後世の人々のために働いているのであり、植民地に自由を送り込むのである。まさに今日、イギリスは死んだ。新世界に自由を投じるならば、自由はそこで豊かな実を結び、深く根を下ろすであろう。〔イギリスの首相ウィリアム・〕ピットとその一味は政治的な配慮から、この恩恵の享受を妨げようとするだろうが、それも無に帰すだろう。彼らは破滅させられるだろう。フランスは、そのエネルギー、土地および人口が保証している地位と勢力とを取り戻そうとしている。我々は、我々の寛大さの恩恵を自ら享受するだろうが、良識の限界を越えてまで寛大さを拡大することはしない。我々は、大革命を後戻りさせようとした腹黒い連中を粉砕したように、暴君たちを打ち倒すだろう。我々のエネルギーを失わないようにしようではないか。我々のフリゲート艦を進水させようではないか。全世界と後世の人々が与える祝福を確信しようではないか。そして、その措置については、公安および植民地の両委員会の検討に委ねると布告しようではないか。

奴隷制廃止宣言の実施にあたっては、公安委員会と植民地委員会に具体的な措置を委ねることを提案しているのだが、実に微妙で含みのある発言である。

「ピットとその一味は政治的な配慮から、この恩恵の享受を妨げようとするだろうが、それも無に帰すだろう」の文は、フランスにとっても黒人奴隷制の廃止が敵対するイギリスを意識した政治的な措置であることを示唆している。ダントンが「まさに今日、イギリスは死んだ」

という言葉を発したとき、議場には拍手が巻き起こった。「良識の限界を越えてまで寛大さを拡大することはしない」という表現からは、奴隷制の廃止には総論として賛成であっても、どこまで実質化するかは慎重であるべきことを予防的に表明したともとれる。

廃止宣言が明示しているように、奴隷解放とは「フランスの市民」になることであり、そうして初めて「憲法が保障するすべての権利を享受」できるとしている点に注意したい。その「同化主義」が父権主義的であることは、ダントンの演説にある「自由の恩恵を与え」「植民地に自由を送り込む」「新世界に自由を投じる」の文言にも窺われる（傍点は筆者。以下も同じ）。フランスこそが自由の担い手であり、黒人奴隷はその恩恵に与《あずか》るのだという「上から目線」である。

奴隷解放を描いた絵画に現れるコントラスト

恩恵としての奴隷解放というフランス本国のスタンスは、奴隷制廃止宣言を表象した『一七九四年の奴隷制廃止のアレゴリー（寓意）』（図2-8）にも描かれている。

青・白・赤の三色旗（トリコロール）を背にして、「自由の女神」（マリアンヌ）像を指差すフランス兵（彼の服装も、ジャケットが青、シャツとキュロットが白、ジャケットの襟と裾が赤の三色、と念が入っている）と、鎖から解き放たれ中腰になって両手を広げる黒人とを対照的なポーズで描いたこの絵は、解放する者＝フランス人（あるいはフランス革命）、解放される者＝黒人奴隷という主客の関係を見事に表現しているのである。

そこで、図2-9に挙げた『ソントナクスが解放された奴隷に武器を渡す』を見よう。これは、一七九三年八月二九日にソントナクスがサン＝ドマングで奴隷解放を宣言し、そのなかで「市民諸君、次のことを忘れてはならない。武器が諸君に自由を獲得させたこと、諸君が闘ったのはフランスのためであること、世界中の白人のなかで、ヨーロッパのフランス人だけが諸

図2-8 『1794年の奴隷制廃止のアレゴリー（寓意）』（作者・年代とも不詳）

図2-9 エディー・ジャック作『ソントナクスが解放された奴隷に武器を渡す［1793年8月29日］』（1991年）

君の友人であることを」と述べたとされることを絵画にしたものである。

『一七九四年の奴隷制廃止のアレゴリー』とは違って、奴隷たちは一人が跪いている以外は直立の姿勢で、拳を突き上げ全身で解放の喜びを表す姿で描かれている。印象的なのは、画面中央背後に大きく薄い灰色で描かれる人物像である。右手で松明を掲げ、左手で千切られた鎖を垂らしながら短剣を握った、亡霊のように見えるこの人物は、解放を目指して様々な闘いを繰り広げてきた数多の黒人奴隷たちを象徴しているのであろう。作者のエディー・ジャックは一九五七年生まれのハイチ人。制作年は一九九一年で、ハイチ革命の発端となった「カイマン森の儀式」と一斉蜂起からちょうど二〇〇年にあたる。

このように、同じ奴隷解放を主題にした絵画でも、フランス人とハイチ人とで描き方が異なる。筆者が調べた限りでは、フランス人が「カイマン森の儀式」を描いた作品はない。一方、ハイチ人が一七九四年の国民公会による奴隷解放宣言を描いた作品はなく、絵画にして記念するのは一七九一年の「カイマン森の儀式」や一七九三年の解放宣言である。こうしたコントラストは、単に描き手の違いの故と片付けることはできない。歴史の理解の根幹に関わる問題を内包していると言えるだろう。ハイチ人にとって、奴隷解放は恩恵として与えられたものではない。三〇〇年の長きにわたる苦難の末に闘いとったものにほかならない。

ナポレオンによる奴隷制の復活に向かって

一七九四年二月四日の廃止宣言の時点で黒人奴隷制をしいていたフランス領植民地は、カリブ海のサン＝ドマング、グァドループ、マルチニック、トバゴ、サント＝リュシー、南米のギアナ、インド洋のレユニオン島とフランス島であり、黒人奴隷の総数は約七〇万人だった。

廃止宣言が効力を持ったのは、一七九三年八月末にすでに解放が宣言されていたサン＝ドマング、宣言がグァドループ総督のジャン＝バチスト・ヴィクトル・ユーグによって布告されたグァドループとギアナであり、その黒人奴隷の数は合計五三万人弱である。マルチニックとトバゴ、サント＝リュシーはイギリスの占領下にあったため実施できず、レユニオン島とフランス島には使節が派遣されたものの、王党派が支配的だった白人が執拗に反対したために、ここでも実施されなかった。

廃止宣言は「人権宣言」から数えて四年半後であることに注意したい。それは逡巡に逡巡を重ねたうえでの、ある人の表現では「迷走」の末の決断であった。廃止宣言は「人権宣言」からの必然的な帰結としてなされたのではない。転機となったのは一七九一年八月のサン＝ドマング黒人奴隷の一斉蜂起を発端とする解放運動の展開である。もし黒人奴隷の蜂起がなかったなら廃止宣言はなかったと見てよい。廃止宣言は「ユマニテ」(人道)の精神に発したのではなく、フランスの対外貿易において死活的に重要な植民地だった「カリブ海の真珠」サン＝ドマングを死守するという、経済的・軍事的動機による窮余の策だったのである。

廃止宣言には書かれていないが、それは、「黒人法典」を破棄したことを意味する。繰り返すが、廃止宣言は「人権宣言」の採択から四年半後である。この間、フランス人には「人権宣言」という「人権の正典」、植民地の黒人には「黒人法典」という「奴隷制の正典」というダブルスタンダードを持っていたことになる。

だが、廃止宣言は八年三カ月余りの短命に終わった。一八〇二年五月二〇日、ナポレオンが廃止宣言を反故にして奴隷制を復活させたのである。

フランス革命の開始から黒人奴隷制の廃止が宣言された頃のナポレオン・ボナパルト（一七六九―一八二一年）は二〇歳代前半で、砲兵隊の士官あるいは司令官として南方軍に所属していた。この時期のナポレオンは奴隷制や植民地の問題に関心を示した様子は見られない。

ナポレオンが植民地に関わって態度表明したのは、「ブリュメール（霧月）一八日のクーデタ」（一七九九年一一月九日）で第一統領となってから一カ月半後の一七九九年一二月二五日に制定した共和暦第八年憲法である。そこでは「フランス領植民地の体制は特別の法によって定められる」とされた。これは、直近の共和暦第三（一七九五）年憲法にある「フランス領植民地は共和国の不可欠の部分であり、同じ憲法に従う」を変更して、「同化主義」から「支配主義」へと転じることを意味し、「フランス領植民地はフランスの一部であるが、本憲法には入らない」

とした一七九一年憲法まで戻ることになる。
ナポレオンが黒人奴隷制の問題について態度表明したのは、一八〇一年一一月二二日の国務院で行った次の発言が最初である。

サン゠ドマングとグァドループにはもう奴隷はいない。すべての人は自由で、今後も自由であり続けるだろう。そこでは、思慮分別と時機とが秩序を蘇らせ耕作と労働を再建することだろう。マルチニックは別の原則に従う。これまでマルチニックは奴隷制を維持してきたし、これからも維持される。マルチニックで新しい革命を試みるとユマニテに多大な犠牲を強いることになる。レユニオン島とフランス島では現状が維持される。

ひとことで言えば「現状維持」である。サン゠ドマングとグァドループにおける「現状」は奴隷制の廃止だが、マルチニックとフランス島とレユニオン島では奴隷制の廃止は実施されていない。したがって「現状維持」とは、奴隷制廃止をこれ以上拡大しないということである。
約半年後の一八〇二年五月二〇日、一歩踏み込んだ法令が制定された。アミアンの和議によってイギリスとの戦争がいったん終結した後のことである。

第一条　共和暦一〇年ジェルミナル〔芽月〕六日〔一八〇二年三月二七日〕のアミアン条約の施行に伴ってフランスに返還される植民地においては、奴隷制は一七八九年以前の法律および規則に則って維持される。

第二条　喜望峰以東のフランス領植民地においても同様とする。
第三条　黒人貿易と上記の植民地への黒人の輸入は、一七八九年以前の法律および規則に則って行われるものとする。
第四条　従前の法律にもかかわらず、植民地の体制は、向こう一〇年間は、政府が作成する規則に従うものとする。

「アミアン条約の施行に伴ってフランスに返還される植民地」(第一条)はマルチニックを、「喜望峰以東のフランス領植民地」(第二条)はレユニオン島とフランス島を指している。これらは、いずれも奴隷制の廃止が実施に移されていなかったところである。それらについては、「現状維持」といった表現ではなく、革命前の状態への復帰、奴隷制の存続が明示され、フランス革命以来停止されていた黒人奴隷貿易の再開をうたった第三条によって、奴隷制の本格的な再建が目指される。

五月二〇日の法令はさらに、グァドループ、ギアナ、サン゠ドマングでも奴隷制再建に向かうステップとなった。グァドループでは、ナポレオンの意を受けて派遣された政府委員のアントワーヌ・リシュパンスが一八〇二年六月二九日に、「耕作に関する布告」を発して強制労働を復活させ、七月一六日には奴隷制の復活を布告した。このとき、逃亡奴隷のジョゼフ・イニャスやムラートのルイ・デルグレなどによる抵抗運動(グァドループの歴史では「黒人の英雄叙事詩」として語り継がれている）があったが鎮圧された。リシュパンスは四カ月後の一一月にギアナでも奴隷制復活を布告した。

グァドループ、マルチニック、ギアナ、レユニオン島で最終的に奴隷制が廃止されるのは、およそ半世紀後の第二共和政の時代、一八四八年四月二七日の布告まで待たなくてはならない（フランス島は一八一四年にイギリスに割譲した〈モーリシャスとなる〉ため対象外）。

これに対して、サン＝ドマングでの奴隷制復活に向けては、規則の制定や布告といった法律的な手続きは取られなかった。直接的な軍事行動と極秘指令という形で進められたのである。

軍事介入と秘密指令

一八〇一年一〇月三一日、ナポレオンは妹ポリーヌの夫であるシャルル・ヴィクトール＝エマニュエル・ルクレール将軍にサン＝ドマング派兵を命じた。ナポレオンの第一秘書としてその場に立ち会ったルイ・アントワーヌ・ブーリエンヌによれば、ナポレオンは「金持ちになる絶好の機会だ」と説得したという。

ブレスト、ロリアン、ロシュフォール、ナント、カディスなどで徴募されたルクレール軍には、かつてエジプトやイタリア、アイルランドなどへの遠征隊を指揮した歴戦の将軍や「ヴァンデ戦争」で王党派の「鎮圧」を経験した者が多数加わった。このサン＝ドマング遠征軍にはポーランド人四七八七人、ドイツ人九三七人、スイス人六三二人など多数の外国人も加わった。ヨーロッパ戦線でフランス軍に編入されていた外国人兵士を合流させたのである。

派遣軍の第一陣がサン＝ドマング北部州のル・カップに到着したのは、一八〇二年一月末から二月初めのことである。ルクレール将軍指揮下の約一〇カ月間だけで合計八四隻の軍艦と輸送船、三万四〇〇〇の兵が投入された。さらにルクレール将軍の死後にロシャンボ将軍が指揮するようになってからも約二万人の増兵が行われた。

一八〇二年六月一五日、海軍大臣ドゥニ・ドゥクレを介して、ルクレール将軍に対して暗号数字を用いた文書が送付された(図2-10)。

Paris, le 26 Prairial, an X.

1411. 235. Mon cher général 2023. 189.
220. 320. 949. 1258. 1231. 1625. 817. 1491. 110. 1593.
1321. 218. 1673. 322. 170. 1448. 652. 322. 1798. 1238. 211.
1991. 455. 1727. 164.

Voilà ce qui serait bon, voilà ce qui ne peut être textuellement prescrit, parce qu'il est possible que quelque soin qui soit porté à ce genre de culture, le sol ne s'y prête pas. Mais on ne peut se dissimuler que nos travaux n'auront de succès qu'autant que cette méthode sera plus ou moins reçue.

Au reste, comme la fortune de l'heureux planteur qui parviendra à conduire cette opération à terme, tient au secret de ces dispositions et que je désire que ce soit vous qui parveniez à cette bonne fortune, j'ai pris le parti de chiffrer cette recette à laquelle tout doit se rapporter dans vos projets 1117. 675. 247. 1039. 1411. »

図 2-10 ルクレール将軍宛ての奴隷制復活指令

何かの作物の栽培方法を伝授するという体裁で書かれたこの文書が奴隷制復活指令だった。冒頭四行の暗号数字は未解読だが、この指令に対するルクレール将軍の返書(これにも暗号数字がちりばめられている)の解読などから、「サン＝ドマングにおいて速やかに奴隷制を再建せよ」という主旨が記されていると判断できるのである。

だが、手の込んだ術策は逆効果だった。秘密指令の前後に書かれたルクレール将軍の書簡によれば、上述の一八〇二年五月二〇日の法令やグァドループで奴隷制が復活されたという情報によって、ナポレオンの意図が知られるところとなり、「それまでは局地的だった暴動が全域的なものとなってしまった」のである。

不可欠な植民地、レイシズム

ナポレオンは、なぜフランス革命の事績を反故にして黒人奴隷制を復活させるのか。立法院で五月二〇日法令の趣旨説明にあたった、ナポレオンの協力者で雄弁家で知られたルニョー・ドゥ・サン゠ジャン゠ダンジェリは、共和国を取り巻く情勢、産業・農業・貿易上の利益、そして「ユマニテ」の観点から縷縷説明した。要するに、植民地も黒人奴隷制も必要不可欠だというのだが、なんとも冗長なので引用を控える。

やや後のことになるが、ナポレオンは一八〇三年三月一二日の国務院で、こう説明した。

文明というものを持たず、植民地とは何なのか、フランスとは何なのかさえも知らぬアフリカ黒人に、どうして自由を与えることができようか。〔一七九四年に黒人奴隷制の廃止を宣言した〕国民公会の多数派が自分の為すべきことを弁え、植民地の事情に精通していたなら、黒人に自由を与えたと思うか。断じてノンだ。自由を与えたらどんなことになるかを予見した人間はいなかったのだ。ユマニテの感情は空想の世界ではいつも有能である。しかし、今もその原則を守れというのか。そこには誠意はない。あるのは自惚《うぬぼ》れと偽善だけである。

「ユマニテ」は「空想」であり「偽善」である。そうした「空想の世界」から脱出しなければならない。黒人奴隷制問題での「空想」からの脱出とは、一七九四年の廃止宣言を破棄して奴隷制を再建することにほかならない。その根底にあるのは、そもそも黒人は「自由を与える」に値しないとするレイシズムである。

ナポレオンによる奴隷制の復活を、イヴ・ブノは「フランス革命の事績の乱暴な取り消しであり、アンシャン・レジームの時代の野蛮な植民地主義への逆戻りである」としている（『ナポレオンの下での植民地主義の狂気』）。

ナポレオン没後二〇〇年にあたる二〇二一年五月五日、フランス大統領エマニュエル・マクロンはフランス学士院（アカデミー・フランセーズ）で演説した。彼は、「ナポレオンが現在に残した功績」として、民法典の編纂や中央銀行、士官学校設立などを列挙した後、奴隷制を復活させたことに触れて、「私たちは最悪のものを忘却してきた」、「皆さんは、フランス人として、その歴史の中にいるのですから、これを学ばなくてはなりません」と述べた。

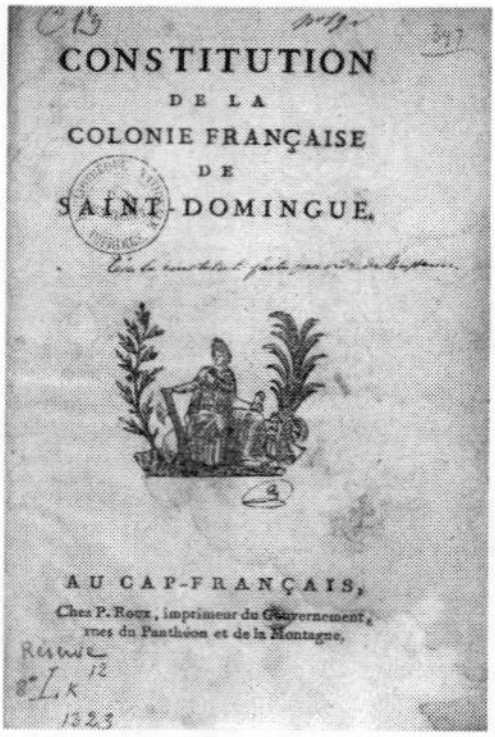
CONSTITUTION
DE LA
COLONIE FRANÇAISE
DE
SAINT-DOMINGUE.

AU CAP-FRANÇAIS,
Chez P. Roux, imprimeur du Gouvernement,
rues du Panthéon et de la Montagne.

図 2-11 「フランス領植民地サン＝ドマング憲法」

ナポレオンを激怒させたトゥサンの「憲法」

ナポレオンがサン＝ドマングでの奴隷制の復活に踏み切る一つの要因に、トゥサン・ルヴェルチュール（本章扉）が一八〇一年に制定した「フランス領植民地サン＝ドマング憲法」があった。

「憲法」を手にしたナポレオンは激怒した。「憲法」のどこが逆鱗に触れたのか。少し立ち入ってみよう。

本国議会による黒人奴隷制廃止宣言から七周年に当たる一八〇一年二月四日、トゥサンは一〇名の委員を指名して「憲法」の起草に当たらせ、同年五月に成案が得られて、七月八日にトゥサンの名で公布された（図2-11）。

全七七カ条からなる「憲法」の全訳と詳細は、拙著『ハイチ革命とフランス革命』を参照していただくことにして、ここでは重要な点を挙げる。

「フランス領植民地サン＝ドマング憲法」という表題にも明らかなように、サン＝ドマングを「単一にして不可分なるフランス共和国」の一部をなす植民地と規定していて、独立国を標榜していない。植民地であることと、植民地が自前の「憲法」を持つこととの間に矛盾はないのか、という疑問が湧くが、その点はひとまず措いておこう。

「憲法」は「この領土に奴隷は存在し得ない。およそ隷属というものは永久に廃止される。人はすべて自由かつフランス人として生まれ、生存し、死ぬのである」(第三条)とうたう。憲法と名の付く文書で「奴隷制の廃止」が明文化された史上最初のものである。しかし、サン＝ドマングでの奴隷制廃止は先に引いた国務院での発言に見られるように、少なくとも表向きはナポレオンによっても「現状」の方針とされていたのだから、問題はない。

問題になるのは、一つには、憲法制定を含む立法、行政、司法の三権を植民地に帰属させるとともに、自律的な権力の構築を可能にする条項が盛られていること。もう一つは、行政を一人で担う総督には、植民地議会である中央議会への憲法改正を含む法の提案・印璽・公布、徴税と植民地財政の管理、地方行政官吏の任免、軍隊の統率、出版物に対する検閲などの権限が与えられ、さらに、トゥサンを終身の総督とし、トゥサン死後の後継総督を指名する権利もトゥサンに与えるとしていることである。

トゥサンは「憲法」をナポレオンの許に送付するとともに、「破滅状態から抜け出すことが緊急に必要であり、速やかに耕作を再開しなければならず、憲法にはサン＝ドマング住民の一致した希望が述べられている」として、ナポレオンの承認を待たずに施行された。

トゥサンは独立を志向していたのだろうか。少なくとも、トゥサンは独立を明言せず、むしろ意識的に避けていたように見える。彼はしばしば「全面的な自由 liberté générale」という言葉を用いるが、それにどのような意味を込めているか、判定できない。

エメ・セゼールは、トゥサンが独立を公言しなかったことを、ナポレオンを欺くためのジェスチャーと見る(『トゥサン・ルヴェルチュール』)。トゥサンの態度をジェスチャーと見る点ではトマス・O・オットも同じだが、彼はトゥサンの態度不明瞭に独立することの困難さを読み取るのである(『ハイチ革命、一七八九―一八〇四年』)。サディール・ハザリーシンは「トゥサンはフランスからの独立を望まなかった」としている(『ブラック・スパルタクス』)。

先に見たように、トゥサンの行動は変転した。黒人奴隷の一斉蜂起を静観していたのが一転して蜂起軍に合流し、その後も、はじめスペインに与《くみ》したが、フランスが奴隷制の廃止に向かっていると見るやフランス軍に加わり、さらに、自ら「憲法」を制定して植民地における実権を握る、というように。

一九七九年から一九八九年にかけて、三冊のトゥサン・ルヴェルチュール伝を著したピエール・プリュションのトゥサン像には変化が見られる。それは、端的に言って、「奴隷解放の英雄」から「黒人の絶対君主」への変貌である。またロナルド・シーガルは、「独裁的な解放者というパラドキシカルな性格がトゥサンという人物を特徴付けている」と書いている(『ブラック・ディアスポラ』)。

筆者は、こうした変化を、本国の動向や国際関係に対する状況判断に基づく、巧みな戦術であると考える。つまり、本国フランスが奴隷解放に好意的であるか否かによって組む相手を変える、本国が奴隷解放に好意的な場合には一体の国家(フランス共和国の一部)を構想し、本国が奴隷解放に否定的な場合には敵国あるいは第三国と同盟するか、あるいは分離独立した国を目指そうとしたということである。

先述したように、ナポレオンは一八〇一年二月六日にトゥサンを将軍に登用したばかりである。そのトゥサンが事実上の独立宣言とも言えるような「憲法」を制定し、絶大な権力を行使することになる。これが逆鱗に触れたのである。ナポレオンは「植民地の黒ん坊《ネーグル》から一人残らず肩章を剝ぎ取ってやる」と叫んだという。「裏切り」に対する報復が、一八〇一年一〇月末のルクレール将軍への派兵命令、一八〇二年六月の暗号数字を用いた奴隷制復活指令である。

さらには、トゥサンを逮捕してフランスに連行することになった。一八〇二年六月七日、フランスの将軍ジャン＝バチスト・ブリュネが尊敬と誠意を表す文言をふんだんに盛り込んだ手紙を書いてトゥサンをサン＝ドマング西部州の都市ゴナイーヴに在ったフランス軍司令部に招いた。だが、これは罠だった。わずか二人の将校を同伴するだけで現れたトゥサンはやにわに捕らえられ、ル・カップの埠頭に連行されてフランス行きの艦船「英雄号《エロー》」に乗せられたのだった。

トゥサンは船上で周りのフランス人に向かって次のように叫んだと伝えられている。
私を打破しはしたが、あなた方はサン゠ドマングの自由という名の樹の幹を倒したにすぎない。やがて再び根から幹が生長するだろう。自由は、今やしっかりと無数の根を下ろしているのだから。

フランス到着後の八月二三日、トゥサンはフランス南東部のジュラ山脈のジュー要塞に収監され、約半年後の一八〇三年四月七日に獄死した。死因は脳卒中と肺炎と記録され、礼拝堂の地下室に碑銘を付さずに埋葬された。

黒人とムラートの大同団結

一七九三年八月末の奴隷解放宣言によって初めて自由を獲得した旧黒人奴隷と、奴隷制の時代にすでにその多くが自由身分となっていたムラートとの間には、ハイチ革命の開始の時点からさまざまな軋轢《あつれき》があり協同の行動も取られなかった。しかしトゥサンが連行された後の一八〇二年一〇月には、ムラートのアレクサンドル・ペション、アンリ・クレルヴォと黒人のアンリ・クリストフ、ジャン゠ジャック・デサリーヌとの間で大同団結が実現する。奴隷制の復活を期すフランス軍と、自由と独立を掲げる革命軍という対決の構図が鮮明になったのである。ハイチ革命軍はそれまで青・白・赤のトリコロールにフランス共和国(République Française）のイニシャル「RF」の文字をあしらった軍旗を用いていたが、一八〇三年五月一八日にはトリコロールから白を取り去って青赤の二分割旗とし、「RF」に換えて「自由を、しからずば死 Liberté ou la Mort」の文字を入れた。

一八〇三年一一月、ハイチ革命軍はフランス軍が占領していたポール・レピュブリカン、ル・カップ、ヴェルティエールなどの要地を奪還し、一一月二九日にはデサリーヌ、クリストフ、クレルヴォが連名で「サン＝ドマング黒人の独立」を宣言。一二月四日にはフランス軍は最後の拠点モール・サン＝ニコラからも撤退し、戦争は終結した。そして翌一八〇四年一月一日、革命軍の指導者たちは西部州の都市ゴナイーヴに集結して独立宣言を発した。

ハイチ独立宣言

自由を、しからずば死
現地軍　一八〇四年一月一日
現地軍総司令官は、この国に幸福をもたらす措置を講ずる目的で招集された司令官たちに、ハイチの住民に安定した統治を永遠に確保することが焦眉の課題であること、そして独立国となって、この島の人々が流した血によって贖《あがな》われた自由を享受する決意であることを外国勢力に報せる意向であることを伝えた。総司令官はまた、司令官たちの意見を聴取した後、司令官の一人一人にフランスを永遠に放棄すること、フランスの支配の下で生きるよりは死を選ぶこと、そして独立のためには死ぬまで戦う決意であることを誓約するよう求めた。

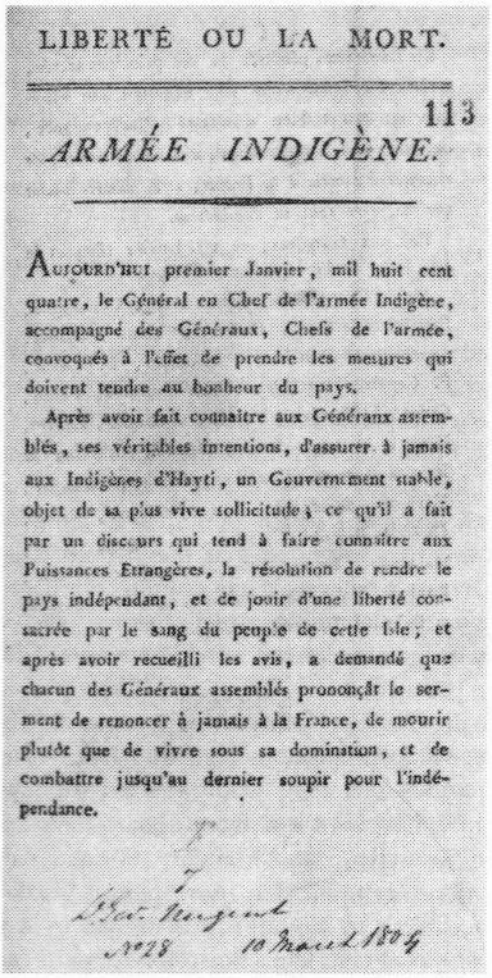

LIBERTÉ OU LA MORT.

113

ARMÉE INDIGÈNE.

AUJOURD'HUI premier Janvier, mil huit cent quatre, le Général en Chef de l'armée Indigène, accompagné des Généraux, Chefs de l'armée, convoqués à l'effet de prendre les mesures qui doivent tendre au bonheur du pays.

Après avoir fait connaître aux Généraux assemblés, ses véritables intentions, d'assurer à jamais aux Indigènes d'Hayti, un Gouvernement stable, objet de sa plus vive sollicitude; ce qu'il a fait par un discours qui tend à faire connaître aux Puissances Etrangères, la résolution de rendre le pays indépendant, et de jouir d'une liberté consacrée par le sang du peuple de cette Isle; et après avoir recueilli les avis, a demandé que chacun des Généraux assemblés prononçât le serment de renoncer à jamais à la France, de mourir plutôt que de vivre sous sa domination, et de combattre jusqu'au dernier soupir pour l'indépendance.

図2-12「ハイチ独立宣言」

総司令官デサリーヌを筆頭に、クリストフ、ペション、クレルヴォら六人の司令官のほか合計三七名が互いに誓約を交わす形をとった、この文書がハイチ独立宣言である(図2-12)。ハイチ独立宣言のオリジナル原本は永らく行方不明だったが、カナダ・トロント大学の学生だったジュリア・ガフィールドが、各地の文書館を調査した結果、二〇一〇年二月二日にイギリス国立公文書館でハイチ政府の名で印刷されたオリジナル原本を発見した。

今では、黒人が人口の大部分を占める国は数多くある。「アフリカの年」と言われた一九六〇年に相次いで建国された黒人国家は二〇カ国に近い。しかし、歴史上最初の黒人国家は、それよりも一五〇年以上も昔にカリブ海に誕生したのである。西半球でアメリカ合衆国に次ぐ二番目の、そしてラテンアメリカ・カリブ海地域では最初の独立国である。

人口は約四〇万人。そのほとんどが黒人とムラートだが、ハイチ革命の過程で死者は一〇万人に達した。革命前には約三万人のフランス人白人がいたが、死亡あるいは本国フランスへ帰国、スペイン領キューバ、イギリス領ジャマイカ、アメリカ合衆国南部などへと避難したことによって激減した。残留した白人数は独立の時点ではおよそ三〇〇〇人と推定される。

なぜ「ハイチ」という国名なのか

国名は「ハイチ」(クレオール語ではAyitiと綴り、「アイチ」と発音する)。「はじめに」でも触れたように、先住民タイノ・アラワク人の言葉で「山の多いところ」という意味である。

ハイチ革命を手がけて久しいが、スペイン領時代の一六世紀中葉には絶滅させられ、独立の時点ではほぼ皆無となっていた先住民の言葉を国名にしたのはなぜなのか、今も謎である。

デイヴィッド・パトリック・ゲッガスは論文「ハイチの命名」(二〇〇二年)で、ハイチという地名が植民地時代に広く用いられていたことを確認したうえで、建国者たちは先住民のタイノ人をスペインの「征服者」によって滅ぼされたインカの末裔と考えており、そのタイノ人による地名を国名とすることで、帝国主義を告発し、レジスタンスと「新世界の復讐」をシンボライズしようとした、という刺激的な解釈を書いている。考古学的研究では、たしかに、タイノ人はアンデス地域からの移住者とされている。ただしゲッガスは、ハイチ人がその国名によって「帝国主義の告発」や「レジスタンス」や「新世界の復讐」の象徴としたことを裏付ける史料を示していない。

状況証拠を示すことはできる。デサリーヌは一八〇四年一月一日の独立宣言に先立って「ハイチの人民」に向けたアピールを発したが、けっして長くはない文章のなかに「復讐」という言葉が五回出てくる。また後述するように、デサリーヌは一八〇四年三月から四月にかけて独立後のハイチに残っていたフランス人の殺害を命じたが、四月八日には「我々は〔フランス人による〕食人行為（カニバル）に復讐した。戦争には戦争を。犯罪には犯罪を。残虐行為には残虐行為を。私は私の国土を救った。アメリカの復讐を果たしたのだ」と述べた。ロラン・デュボワが『新世界の復讐者――ハイチ革命物語』（二〇〇四年）に与えたタイトルは、デサリーヌのこの言葉に依っている。

だが、新国家の建国を「新世界の復讐」と考えていたと推察することは許されるとしても、国名に「新世界の復讐」を含意させていたと断定することはできない。

これまで筆者は、「この国名が採用された経緯は詳らかではない」と断ったうえで、「ハイチ人は、自らの尊厳のみならず、絶滅させられた先住民の尊厳をも建国の大義とした」と書いてきたが、ここでも繰り返すほかない。

第3章

先駆性ゆえの苦難
―― 革命以後の大西洋世界 ――

ハイチの世界遺産．上：シタデル(要塞)，下：サン＝スーシ(無憂)宮殿．本章 90-91 頁参照

ひと頃まで、ハイチ革命は「知られざる歴史」だった。高校世界史教科書を例にとれば、「ハイチ」の文字が書かれていない教科書もあった。しかし今では、すべての教科書が「ハイチの独立」を取り上げるようになった。二〇二三年度大学入学共通テストの「世界史B」では、「トゥサン＝ルヴェルチュールが指導する［ア］の独立運動に対して、彼〔ナポレオンの名は伏されている〕は軍を派遣して弾圧したにもかかわらず、フランスでは、現在でも人気が根強いように感じます」の文を示して、空欄［ア］の地域の位置を地図から選択する、という問題が出題された。「ハイチの独立」は必須の学習事項になっているのである。

そのような変化は研究の場でも同じである。筆者がハイチ革命の研究を始めた一九七五年頃に参照できたのは、ジェームズの『ブラック・ジャコバン』、エメ・セゼールの『トゥサン・ルヴェルチュール』、オットの『ハイチ革命』など数点だった。しかし、とくに二一世紀に入ってからは、海外では目覚ましい進展があった。二〇二二年までに披見できたものに限っても、約五〇点という多くを数える。それらは、専門的な個別研究や論文集をはじめ史料集、平易な通史、小説や戯曲、教科書副読本などと多彩である。まことに隔世の感である。

研究の進展は二〇〇四年と二〇一〇年がエポックになっている。二〇〇四年はハイチ独立二

○○周年、二〇一〇年は一月一二日(日本時間は一三日)にポルトープランス周辺をマグニチュード七・二の大地震が襲い、死者約三一万六〇〇〇人を出すなど甚大な被害が発生した年である。

一例を挙げよう。ジェレミー・D・ポプキンは二〇一〇年の大地震を目《ま》の当たりにして、勤務校であるケンタッキー大学で新設した講座「近代世界のなかのハイチ」のために作成した教科書を、二〇一二年に『ハイチ革命小史』として刊行した。それは、学生たちに現在のハイチとハイチ国民についての理解を促すとともに、大地震からの復興を進めるには、ハイチ革命の歴史、独立のための闘争の記憶が不可欠であるという認識に発している。A5版サイズで二一〇ページの小著だが、読み応えのある本である。初学者向けに簡潔にして平明な叙述に徹しながら、随所に刺激的な考察が見られる。

こうした研究の進展のなかで、ハイチ革命の世界史上の意義が力説されるようになった。代表的には、二〇〇四年に出たマルセル・ドリニーの『ヨーロッパと南北アメリカにおける反乱と革命』。彼は一七七三年から一八〇二年までを「諸革命の時代」とし、アメリカ独立革命(一七六五―一七八八年)とフランス革命(一七八九―一七九九年)、そして「反奴隷制革命の震央」となったハイチ革命(一七九一―一八〇四年)を「一八世紀の三大革命」とした。

「一八世紀の三大革命」のなかでも、反レイシズム・反黒人奴隷制・反植民地主義という三つの性格を併せ持ったハイチ革命は、特異であり先駆的である。

なぜなら、アメリカ独立革命は西半球で最初に植民地支配を打破したが、独立革命後もなお約七五年間にわたって黒人奴隷制を温存し、「人種」差別も強固に残った。前章で見たように、フランス革命は一七九四年に黒人奴隷制の廃止を宣言したが、八年後には「フランス革命の子」ナポレオンが復活させた。そのため最終廃止は第二共和政期の一八四八年四月二七日まで持ち越され、加えて、「文明には非文明を文明化する使命がある」として、アフリカやアジアで植民地領土の拡張が推進されたのである。

アメリカ独立革命やフランス革命とは対照的な先駆性を持つハイチ革命によって誕生した「世界初の黒人共和国」が、「西半球の最貧国」となったのはなぜなのか。その要因を建国後の動向と大西洋世界との関係のなかに探ることにしよう。

一　「世界初の黒人共和国」の動向

再征服に対する警戒

ハイチにはユネスコが認定した世界遺産が三つある。北部の都市カパイシアン近郊の「シタデル(要塞)」と「サン＝スーシ(無憂)宮殿」、そして、その二つが位置する「ラミエール国立歴史公園」である。建国当初の姿を伝える貴重な史跡として一九八二年に登録された。

「シタデル」(本章扉上)は標高九七〇メートルのラフェリエール山の山頂に聳える高さ四〇メートル、外壁の厚さ三メートルという堅牢な要塞で、国土防衛の砦として長期の籠城戦に備え、一万人の兵士を収容できるよう巨大な食料庫や貯水槽も設置された。今も二〇〇門余の砲台と大量の砲弾が積まれたまま保存されている。

「サン゠スーシ宮殿」(本章扉下)は、一八四二年の地震で廃墟になったが、フランスの「太陽王」ルイ一四世(在位一六四三―一七一五年)が建てたバロック建築の傑作「ヴェルサイユ宮殿」や、プロイセン王フリードリヒ二世(在位一七四〇―一七八六年)がベルリン近郊に建てたロココ建築の代表作「サン゠スーシ宮殿」を模して、豪華な内装が施された建物である。

二つとも、一八〇六年から一八二〇年まで北部を統治したアンリ・クリストフが建造したものである。建築に要した費用は不明だが、「シタデル」にだけでも延べ二〇万人の労力(そのうち二万人から二万五〇〇〇人が工事の犠牲になったという)と一三年の年月を要したことからも、巨額の資金が投入されたことは推察できる。

二つの建造物は独立後のハイチの状況を象徴的に示している。「シタデル」は再征服に対する警戒、「サン゠スーシ宮殿」は独立国家としての威信の誇示である。

ハイチの初代元首は、一八〇四年一月一日の独立宣言の日に総督に選ばれた元黒人奴隷のジャン゠ジャック・デサリーヌ(図3-1)である。独立一〇〇年祭のために一九〇三年に作られた現在の国歌「ラ・デサリニエンヌ」は、「ハイチ建国の父」とされるデサリーヌへの頌歌である。

図3-1　ジャン＝ジャック・デサリーヌ

総督就任にあたってデサリーヌは、こう演説した。

我らの国土を血で汚してきた野蛮人を追い払っただけでは済まない。この自由の帝国を永遠にしなければならない。「自由を、しからずば死」。この神聖な言葉を戦いと合同の合図にしよう。隣国とは平和を。フランスには永久の憎悪を。これが我々の原則である。

フランスに対する憎悪は、一〇〇年以上に及んだ奴隷制度と植民地支配、自由を求める運動に対する軍事的抑圧への怒りに根ざしている。それは、ジェームズが『ブラック・ジャコバン』で書いているように、「あくまで正当化される憎悪だった」であろう。

だが憎悪は報復のための殺害へとエスカレートした。一八〇四年三月、デサリーヌはスペイン領サント・ドミンゴに遠征中だったが、フランスの艦隊がサント・ドミンゴ港に現れた。そして別の艦隊がゴナイーヴ港にも現れたという噂が広まった。急ぎハイチに戻ったデサリーヌは、周囲の反対を押し切って、残留していた約三〇〇〇人のフランス人の殺害を命じたのである。聖職者や熟練労働者などは助命されたが、「大虐殺」に等しいものであった。殺害に加わった黒人たちの多くは「嬉々として仕事に取りかかった」という。自分たちが受けた虐待の生々しい記憶が残っていて、フランスが再征服して奴隷制を復活させるのを怖れたからであった。

一八〇四年一〇月六日、デサリーヌは皇帝ジャック一世と称して戴冠した。それは、同じ年の五月一八日に皇帝となっていたナポレオンを意識してのことだったと思われる。

一八〇五年五月二〇日、デサリーヌは最初の憲法を制定した。条文をいくつか取り上げよう。国名を「ハイチ帝国 Empire d'Haïti」とした。これによってデサリーヌの皇帝戴冠との整合性が確保された。

国土は六つの軍管区に分けられ、それぞれ軍管区司令官が治め、「復讐者にして市民の解放者である総司令官デサリーヌ」が全体を統括するとされた。

「奴隷制は永久に廃止される」「国民はみな友人であり、法の下で平等である。いかなる称号も特権もない」とうたった。独立国の憲法で奴隷制廃止をうたったのはハイチが史上最初である。アメリカ合衆国で奴隷制廃止が憲法（修正第一三条）に明記されたのは一八六五年一二月一八日だから、先立つこと六〇年前である。

「ハイチの国民は肌の色にかかわりなく黒人と呼ばれる」と規定した。これによって、黒人やムラートはもとより、ハイチに残留した白人もすべて「黒人《ノワール》」と呼ばれることになったのである。この「「国民＝黒人」国家」というアイデンティティは、当時現存した「国民国家」が暗黙のうちに想定する「「国民＝白人」国家」の対極にある。

「外国人が奴隷所有者としてハイチに入国することも、財産を所有することも禁止する」とされた。フランスによる再征服と奴隷制復活を未然に防止するためである。ただし例外があった。ハイチ人の子どもを懐胎あるいは出産した白人女性、フランス軍を去ってハイチ人とともに戦い、独立後もハイチに留まったポーランド人、ドイツ人などである。

再燃した黒人とムラートの反目

デサリーヌが一八〇六年一〇月一七日に死去した後、ハイチは北部と南部に分割されて別の人物が統治した。一八〇六年一二月から一八二〇年一〇月まで北部を統治したのはアンリ・クリストフ、一八〇七年三月から一八一八年三月まで南部を統治したのはアレクサンドル・ペションである(図3－2)。

いずれも最初は大統領と称したが、クリストフは一八一一年にアンリ一世と称して約一〇年間にわたって王制をしき、ペションは一八一六年に終身大統領となり共和制をしいた。

なぜ分割統治になったのか。クリストフとペションはハイチ独立のために協同し、前章で述べたように、ゴナイーヴでの独立宣言にも加わった。だが二人には出自と「肌の色」に違いがあった。クリストフは黒人で元奴隷、ペションは黒人の母とフランス人の父との間に生まれたムラートで有色自由人だった。

二人のこの違いは、植民地化の過程で生じた地域編成の違いとも重なる。北部は植民地支配が早くに始まった地域で、平野部には多数の黒人奴隷を擁する大規模な砂糖プランテーションが展開した。それに対して、後発の地域である南部は平野が少ないためにコーヒーやインディゴなどの小規模なプランテーションが中心となり、ムラートによる小規模経営も多く見られた。

図 3-2　アンリ・クリストフ(上，リチャード・エヴァンズ作，1816 年頃)とアレクサンドル・ペション(下，1808 年)

こうした社会構造の違いが独立後にも引き継がれたのである。

北部＝黒人、南部＝ムラートという構図は政治的対立の要因ともなった。それはデサリーヌの死去が南部のムラートによる暗殺だったことに象徴されている。ムラートの側は「暴君デサリーヌの暗殺は自由のための正義の行動である」とした。黒人とムラートの反目は植民地時代からあったが、独立戦争の過程で解消されたかに見えた。しかし独立後に再燃したのである。

「ハイチ共和国 République d'Haïti」の国名が現れるのは、一八〇六年一二月二七日にペションが定めた憲法が最初である。この憲法でも奴隷制の永久廃止がうたわれ、「自由・平等・安全・所有」の人権が明記された。また、「征服を目的とする、あるいは国内外の平和と秩序を乱すような企てを為さない」とも表明した。

「自由・平等」の内実を問う——ハイチ革命のなかの女性たち

人権の歴史上、ハイチ革命はきわめて重要な出来事だったことが異口同音に指摘されている。だが重要性を力説する余り、例えば、「ハイチは万人の自由を主張した世界最初の国である」（パトリック・ベルギャルド＝スミス『ハイチ——破られた要塞』）とか、「ヨーロッパで生まれた普遍的権利の思想は、フランス領カリブ海における奴隷制と人権をめぐる闘争のなかで完成されていた」（ロラン・デュボワ『共和国の奴隷』）とまで言うのは勇み足である。

独立後になにもかも一新された国が誕生したのではない。もっとも重要なのは国家権力の軍事的・権威主義的性格である。ジョアン・ダヤンが「銃剣で支えられた共和政的王政」と特徴づけたような、「開発独裁」とも言うべき国家体制が生まれた(『ハイチ、歴史、神々』)。

これと表裏をなすが、「自由・平等」がどこまで内実化されたかを吟味しなければならない。一八〇五年憲法では「良き父親、良き息子、良き夫、とりわけ良き兵士でない者はハイチ人の名に値しない」とされた。選挙権について初めて定めた一八〇六年憲法では、満二五歳以上の男性が選挙権を持ち、彼らは「セナ」と呼ばれる議会の議員を間接選挙によって選ぶ資格を持つとされる。その資格は「良き息子、良き父親、良き兄弟、良き友人、良き夫」という他には、財産による制限などはない。

だが、一八〇五年と一八〇六年のいずれの憲法でも、女性の参政権は認められなかった。ハイチ革命では女性たちはどんな役割を果たしたのか。アレックス・カーセルの論文「ハイチ革命の女性たち」などを参照して、ハイチ人が様々なかたちで記憶している五人の女性を挙げよう。

まずヴィクトリア・モントゥ。彼女は「ダホメ〔現ベナン〕のアマゾン〔女戦士〕」と称して軍団を組織し、デサリーヌとともに戦った。その功績により、一八〇五年の死去の際にはセレモニーが行われたという。

図3-3　マリー＝ジャンヌ・ラマルティエールを描いた0.5グルド切手

図3-4　サニテ・ベレールの肖像を入れた10グルド紙幣

マリー＝ジャンヌ・ラマルティエールは、一八〇二年三月のクレタピエロの戦いに夫のルイ・ドールとともに加わった。フランス兵が称賛するほどの銃剣の使い手だったという。彼女は負傷者の看護にもあたった。ハイチ独立一五〇周年にあたる一九五四年に〇・五グルド（約一〇円）切手（図3-3）が発行された。

サニテ・ベレールは、トゥサンの甥で夫であるシャルル・ベレールとともに戦闘に加わった。二〇〇四年には独立二〇〇周年記念の一環として、彼女の肖像を入れた一〇グルド（約二〇〇円）紙幣（図3-4）が発行された。

ハイチは五月一八日を「国旗の日」の祝日と定めている。その日付は、現在の国旗の原型であるハイチ革命の旗が、一八〇三年五月一八日に制定されたことに由来する。一九九一年に発行された一〇グルド紙幣には、その旗を紡いだとされるカトリーヌ・フロンの姿が描かれている。彼女はデサリーヌの名付け娘で、看護役として従軍した。

最後にセシル・ファティマン。第二章で見たように、ハイチ革命の発端となった「カイマン森の儀式」では、ヴードゥーの女性神官として、ブクマンとともに儀式の主役を務めた。それだけではない。彼女は各地に出向いて儀式への結集を呼びかける「組織者」でもあった。

現代ハイチの画家ユルリック・ジャン＝ピエールは、二〇一五年に『カイマン森の儀式』を描いている（図3-5）。画面の中央で黒豚に跨るファティマンは、ウジェーヌ・ドラクロワの名画『民衆を率いる「自由」』（一八三〇年、図3-6）の「自由」（マリアンヌ）を模しているのである（マルク・A・クリストフ「ユルリック・ジャン＝ピエールの

図 3-5　ユルリック・ジャン＝ピエール作『カイマン森の儀式』(2015 年)

図 3-6　ウジェーヌ・ドラクロワ作『民衆を率いる「自由」』(1830 年)

カイマン森の儀式」)。

ジャン=ピエールが描くファティマンは「黒人奴隷たちを率いる「自由」」であり、数あるマリアンヌの表象のなかでも異色の「黒人のマリアンヌ」である。彼にはハイチの歴史上の人物や出来事を描いた多くの作品があるが、「私が歴史画を描くのは、ハイチ人が栄光の歴史をいつでも想起できるようにするためである」としている。

このように、女性たちは様々なかたちでハイチ革命の一翼を担ったのである。しかし、永らく権利の行使から取り残された。女性参政権が認められたのは一九五〇年の憲法であり、国政レベルでの実施は一九五七年の大統領選挙が最初である。社会や政治のなかで女性が占めた地位については、ハイチ史研究の残された課題である。

さて、南部で共和制をしいたペションは一八一六年六月二日に新憲法を制定した。市民権については一八〇六年憲法を踏襲しているが、選挙権については直接普通選挙制度を定めた。ただし、有権者から女性、犯罪者、精神障害者、「愚か者」は除かれ、最後の「愚か者 imbécile」には農民を含むと解釈された。そのため、選挙権を行使できたのはエリートと軍人で、全人口の三%にすぎなかった。

一八一八年三月にペションが病死すると、共和国議会は大統領護衛隊司令官でムラートのジャン=ピエール・ボワイエを大統領に選出した。一八二〇年一〇月、北部のクリストフが脳卒中で倒れた。彼は、軍隊の統率力を失っていたこともあって、まもなく失意のうちに自死した。この政治空白に乗じて、ボワイエが北部に進出して軍の指導者との間で再統一の合意に至った。こうしてハイチ全土を統治することになったボワイエは、さらに一八二二年には東隣のスペイン領サント・ドミンゴに侵攻して併合した。それは、ハイチから分離独立してドミニカ共和国が成立する一八四四年まで続くこととなる。

「強制労働」による生産の再建

戦乱によって半ば麻痺状態に陥った生産と経済を立て直すことは、既に革命中から焦眉の課題だった。トゥサンをはじめデサリーヌ、クリストフ、ボワイエなどの為政者たちが構想したのは、プランテーションの旧状回復と、革命前から主要な輸出品だった砂糖やコーヒーの生産の再建であった。

トゥサンの構想は、前章で紹介した一八〇一年の「フランス領植民地サン＝ドマング憲法」に見られる。「この植民地は農業を基本にしている。耕作労働にいささかの中断もあってはならない」「耕作の再建と増強のために必要な農耕従事者の導入を行う」「植民地の生産物と同じ種類の生産物、商品を輸入することを禁止する」などである。

トゥサンは次のような施策も打ち出す。農耕従事者や加工労働者には収益の四分の一を保障する。土地を六〇ヘクタール以下に分割することを禁止する。フランス人による所有も否定せず、旧プランターの「復帰」を奨励する。農耕従事者の住居変更は農業を破壊するとして禁止される。農耕従事者や加工労働者を監督する「憲兵隊」を設置し、「身分証明書」の携行を義務付ける、などである。

ヴィクトル・シュルシェールは上述の一八四八年における奴隷制の最終的廃止に導いた政治家だが、その彼が「廃止された奴隷制に替えてトゥサンが導入したのは、奴隷制ほど束縛は強くなかったとはいえ、土地隷属制にほかならない」とし(『トゥサン・ルヴェルチュールの生涯』)、アンドレ゠マルセル・ダンスが「ネオ・奴隷制主義者」としているように(『ハイチ――景観と社会』)、トゥサンの政策は「強制労働」あるいは「再版奴隷制」と特徴づけられる。

ハイチからの輸出額は、革命真只中の一七九五年には革命前の一%ないし三%へと激減したが、その後はやや持ち直し、一八〇四年の独立の時点では砂糖で三十数%、コーヒーやコトンは四五%ないし五〇%近くまで回復した。トゥサンの施策が功を奏したのであろう。

独立後、デサリーヌもトゥサンの政策を踏襲し、離散した元奴隷をプランテーションに復帰させて、彼らに生産物の一部分を与える「シェア・クロッピング制」によって、生産と経済の再建を図った。クリストフも強制労働政策を採ったが、彼の場合は特別の事情があった。「シタデル」と「サン゠スーシ宮殿」の建造に加えて、国王に相応しい豪華な装飾や奢侈品のための費用捻出である。それでもなお、大量の金や銀が延べ棒で蓄えられたという。

「砂糖のあるところ、奴隷あり」とは、エリック・ウィリアムズ(後述)が奴隷制時代の砂糖プランテーションでの労働について言ったものだが、この名言はトゥサンをはじめ独立後の為政者たちが構想したプランテーションでの「強制労働」にも当てはまる。

異なるのは南部で共和制をしいたペションである。先述したように、南部は植民地時代から大規模なプランテーションは少なく、小規模経営が主流だったが、ここでは強制労働政策は見られなかったのである。

「マルーン・ネイション」

黒人奴隷やムラートたちが目指したのは、奴隷制の軛《くびき》から解き放たれて自由になることであった。それは、ハイチ革命の一斉蜂起が奴隷制という忌まわしい記憶が貼り付いたプランテーションからの集団逃亡、放火と破壊、奴隷主の殺害という形をとったこと、そして、その後もプランテーションに戻らず、荒廃した農園や遠隔の丘陵地を「不法占拠」し続けて、多くは自給自足の農業を行うようになったことに示されている。

彼らが生産したのは米や豆、トウモロコシ、粟、バナナ、ポテト、マニオクなどの作物である。これによって食料事情は改善され、一八〇四年に約四〇万人だった人口が一〇〇年後の一九〇四年には約二五〇万人へと六倍化する要因となった。

換金作物として生産したのはコーヒー豆である。革命に伴う戦乱によってサトウキビ畑の多くが焼失したのに対して、コーヒー豆の木は多くが丘陵地にあったために焼失を免れた。苗木は三年ほどで開花して一〇年目頃に収穫量のピークを迎えるが、二〇年ないし三〇年間は結実する。収穫は落果を拾うか手摘みで行い、果実から生豆を取り出す精製も手作業である。砂糖生産のような複雑な工程はなく、大掛かりな施設・設備も必要としないから、「農＝工業複合体」と特徴付けられるプランテーションでなくとも生産できるのである。

一八〇九年末以降には、北部でも南部でもプランテーションを分割して人々に土地が供与ないし売却された。ジェームズ・G・レイバーンによれば、その規模は一万二〇〇〇人に対して約二〇万ヘクタール程度で、全耕地面積の三分の一に相当した。ただし、土地分配に与ったのは大部分が革命に貢献した軍人や官吏であり、土地政策は論功行賞的な性格を持っていた。一八二〇年代には、約八〇万人の人口に対して常備軍は約三万二〇〇〇人、臨時徴募の国防軍が四万人に達したが、軍隊は土地を手に入れたり政治に参画する方途でもあった（『ハイチの民衆』）。

ミミ・シェラーは、「ハイチの真の勝利者は奴隷大衆ではなく、新しい黒人将軍たち（とくに北部）と植民地時代から土地所有者だったムラートのエリート層（とくに南部）だった」としている（『奴隷制後の民主主義』）。

レイバーンは、一八四二年時点で植民地時代のプランテーションはすべてなくなり、それらは良好な状態にある小土地所有農民、借地農、「不法占拠」の三つに等分された、としている。

表 3-1　ハイチからの輸出量の推移

（単位：千リーヴル）

年次(平均)	砂　糖	コーヒー	コトン	タバコ
1818-20 年	1,061	22,666	315	—
1821-25 年	175	33,774	758	*591
1826-30 年	115	41,962	1,031	605
1831-35 年	9	43,232	1,341	1,103
1836-40 年	9	40,460	1,162	1,569

＊は 1822-25 年の平均

黒人奴隷制の廃止とプランテーションの解体による小土地所有‐経営の創出は、大土地所有に基づくプランテーション制が温存された他のラテンアメリカ諸国との相違点である。

表3‐1は、独立後にハイチからの砂糖輸出量が激減し、代わってコーヒー豆が主要な輸出品になったことを示している。大規模プランテーションを基軸とする生産から小土地所有‐経営を基軸とする生産へと転換した結果である。ジャン・カジミールは、こうした小土地所有‐経営を基軸とする生産を「カウンター（対抗）プランテーション・システム」と呼ぶ（『カリブ海諸島』）。

ジョンヘンリー・ゴンザレスは、奴隷解放後も山間僻地に住み続けて、自家消費作物のほかコーヒー豆の栽培など独立自営の農業を営んだ人々を、奴隷制時代の「マルーン」と対比して「奴隷解放後のマルーン」と呼ぶ。そして、国家形成から逃れた不服従ルーン・ネイション』)。

の人々による脱国家あるいは無国家の共同体を「マルーン・ネイション」と名付けている(『マ

アメリカ合衆国の人類学者ジェームズ・C・スコットの著書に『統治されないという技術――東南アジア高地の無政府的な歴史』(二〇〇九年。邦訳は『ゾミア――脱国家の世界史』)がある。東南アジアの大陸部や中国南部(雲南、貴州、広西、四川)に見られる、国民国家に統合されていない人々の地域(ゾミア)についての研究である。ここでは立ち入らないが、植村邦彦の『隠された奴隷制』(二〇一九年)が、「ゾミア」とハイチの「マルーン」について興味深い考察をしているので、ぜひ参照されたい。

第一章で見たように、「カリブ海の真珠」と喩えられた植民地時代のサン＝ドマングの「繁栄」を下支えしたのは、プランテーションと黒人奴隷たちの労働であった。トゥサン・ルヴェルチュールをはじめ建国後の為政者たちが構想したのは、プランテーションの旧状回復による「世界商品」生産の再建、つまり「カリブ海の真珠」の再興であった。その対極にあるのが、プランテーションと奴隷労働の両方を否定する「マルーン・ネイション」である。

二　ハイチ革命と大西洋世界

第二章で書いたように、黒人奴隷蜂起の初報がフランスの議会に届いたのは、蜂起勃発から約二カ月後のことだった。南北アメリカ、カリブ海の周辺地域には、ハイチ革命を逃れて避難したフランス人や彼らに同行した黒人奴隷、海上交易船の乗組員などを介して、もっと早く、そして広範囲に伝わった。その反応は、受け止める側の立場の違いによって多様かつ複雑である(ゲッガス編『大西洋世界におけるハイチ革命のインパクト』)。

共鳴と敵対

奴隷制度のもとで虐げられている者にとって、ハイチは「解放のシンボル」であり、それを様々な態度で表したようだ(ハイチ革命に影響を受けて起きた奴隷解放運動の事例は『カリブからの問い』を参照されたい)。奴隷主は奴隷たちが以前よりも「無礼」で「反抗的」になったと嘆き、それは奴隷革命が成功したことを知ったためだと考えた。トゥサンやデサリーヌなど奴隷蜂起の指導者たちの名前を口にし、彼らの肖像を入れたメダイヨンを首にぶら下げたりする者がいた。「黒人も白人もムラートも、みんな同じなんだ」「サン゠ドマングを忘れるな」などと歌い、「パンは白人の肉、ワインは白人の血」という聖書のパロディーを作ったりもした。

一方、奴隷主たちにとってハイチは恐怖以外のなにものでもなかった。図3-7は一八二〇年にパリで出版された『サン゠ドマング、その革命の歴史』と題された本だが、表紙には「植民地の喪失に至るまでに、この島で起こった分裂・騒乱・被害・殺戮・戦禍・荒廃・虐殺という、身の毛もよだつ物語」との内容紹介が書かれている。類似の図版は多数あるが、どれも大差はない。こうした画像や伝聞によって周辺世界に「黒禍」が伝えられたのである。

図 3-7 『サン＝ドマング，その革命の歴史』
（作者不詳，1820 年）

こうした事情は近隣のカリブ海地域、とくにイギリス領ジャマイカやスペイン領キューバで顕著だった。そこはハイチ革命を逃れて避難する白人が集中したところである。ジャマイカもキューバも白人の受け入れには好意的だったが、彼らに同行する黒人奴隷には退去を命じた。ハイチにおける奴隷解放が自国領の黒人奴隷に流布して、逃亡や蜂起を誘発するのを恐れたのである。とくにジャマイカの場合は、一七―一八世紀のカリブ海地域のなかでも奴隷の逃亡や蜂起が多発した地だったから、当然の反応である。

ハイチへの共鳴と敵対の間を揺れ動いた人物がいる。植民地生まれの白人(クリオーリョ)で、今日「ラテンアメリカ独立の父」とされるシモン・ボリーバル(一七八三―一八三〇年)である。一八一〇年にヴェネズエラの独立運動に加わり、一八一三年に「解放者《リベルタドール》」の称号を与えられたボリーバルは、一八一五年に『ジャマイカ王室新聞』の編集者に宛てて、こう書き送っていた。

尊敬する主人の家族の一員として暮らすスペイン領アメリカの奴隷は、謀反を起こすどころか、平和的な隷属を何倍も好む。サン＝ドマング革命に倣って奴隷や有色人を運動に引き入れるのは、その革命の本当の意味を知らぬ者のやることだ。

ボリーバルは当初、ラテンアメリカ独立運動の資金援助元としてイギリスに期待を寄せていたが、それが得られないと分かるとハイチに援助を求めた。一八一五年末にジャマイカからハイチに渡ったボリーバルは、南部のペション大統領から資金・軍艦・武器・食糧・印刷機械などの援助を取り付けた。その際、ペションが示した条件は「ヴェネズエラの州およびボリーバルが独立の旗の下に結集できるすべての州のすべての奴隷を解放する」というものであった。

ボリーバルは、翌一八一六年五月から七月にかけて解放軍に編入された奴隷に限って解放することで、ペションとの約束の一部を実行した。そして、ペションへ宛てた書簡において援助に対する謝辞を述べ、ハイチとヴェネズエラの連帯の必要を伝えたのだった。

勇敢なハイチ人との間に一層緊密な関係を樹立するためにも、ヴェネズエラ人の友愛の情の証とするためにも、私はヴェネズエラが自由となることを熱望している。

ペションの死後もクリストフ、ボワイエなどによる援助は続くが、ボリーバルの態度は次第

に後退していった。例えば、

我々の足元には巨大な火山がある。すでに予震が起こっている。圧政下にある者たちを誰が抑えるのか。奴隷は軛を断ち切り、肌の色の様々な者たちがそれぞれの統治を要求することだろう。（一八二六年）

黒人の蜂起はスペインの侵略よりも千倍も有害だ。（一八二七年）

ボリーバルはムラートや黒人の軍人を相次いで処刑するとともに、「有色人支配」の可能性を断つために非アフリカ系（ヨーロッパとアジア）移民の導入を示唆した。彼にとって「有色人支配」の実例であるハイチは最悪の国家モデルへと変わっていったのである。

アレハンドロ・E・ゴメスの「大西洋世界におけるハイチ革命のイメージ」と副題された著書の表題『黒人革命の妖怪』（二〇一三年）、エルンスト・ベルナルダンの『ハイチの農村空間』（一九九三年）で書かれている一文「どんなことをしてでも転移を食い止めなければならない癌」は、ラテンアメリカやカリブ海地域のクリオーリョたちがハイチに向けた眼差しを端的に表現している。

世論の分極化——アメリカ合衆国

アメリカ合衆国では、警戒、敵対、共鳴など反応は様々だった。樋口映美「フランス／ハイチ革命の記憶と自由黒人（一七九〇年代〜一八三〇年代）」（二〇〇七年）、アルフレッド・N・ハント『南北戦争前のアメリカへのハイチの影響』（一九八八年）、ホセ・サン＝ルイ『アメリカン・デモクラシーの形成におけるハイチ革命』（二〇〇八年）などから、何点か挙げよう。

アメリカ合衆国の大西洋岸にはサン＝ドマングから多数の難民が押し寄せたが、とくに問題視されたのは自由黒人の難民だった。彼らは黒人奴隷が解放されたことを「神の恩寵」の証と考えていたから、逃亡奴隷を取り締まる連邦法が制定された一七九三年以降になると、サン＝ドマングからの自由黒人の上陸を阻む州法が相次いだ。

ハイチを「奴隷解放のシンボル」「革命の祖国」とする動きもあった。一八二〇年代アメリカの自由黒人のなかでもっとも戦闘的で傑出した奴隷制廃止論者《アボリショニスト》とされるデイヴィッド・ウォーカーは、『訴え』（一八二九年）のなかで「黒人の栄光と圧制者どもの恐怖の国ハイチ」に対する熱い共鳴を表明した。

「ハイチ革命を目指した」蜂起計画も見られた。代表的には、自由黒人のデンマーク・ヴィージーがサウス・カロライナ州のチャールストンで起こそうとした大規模な蜂起計画である。しかし、計画は一八二二年五月に露見し、七月二日にはヴィージーの死刑が執行された。

一八二四年からはハイチへの移住運動が見られた。ハイチ出身の自由黒人プリンス・サンダースが主導して、一八二六年四月までに六〇〇〇人の移住者がボルティモアやフィラデルフィアを出発した。だが、受け入れ側の政策の失敗もあって、多くは定住を諦めて帰還しなければならなかった。

ハイチ革命はこうして、二つの対抗的な見方を生んだ。一つは、復讐に駆られた奴隷たちが白人や女性、子どもたちに対して犯した筆舌に尽くしがたい残虐行為を強調するものであり、もう一つは、奴隷大衆が暴力的な抑圧者を一掃し、奴隷制を根絶して新しい国を樹立したという見方である。つまり、ハイチ革命はアメリカ合衆国における奴隷制反対勢力と奴隷制支持勢力とを分極化するシンボルとなったのである。

「鏡」として——ドイツと日本

ハイチ革命に対する各地の反応をさらに見てみよう。

カリン・シューラーによれば、政治・歴史・文芸などを扱うドイツ語の月刊誌で、ヨハン・ヴィルヘルム・フォン・アルヒェンホルツが一七九二年にベルリンで創刊し一八五八年まで刊行された『ミネルヴァ』誌(図3-8)には、ラテンアメリカに関する記事が九四件あり、そのうちハイチだけで合計二四件(一七九二―一八〇七年が一一、一八〇八―一八三〇年が一二、一八三一―一八五八年が一)の多くを数えた。

ドイツのジャーナリズムがハイチに強い関心を寄せていたのは驚きである。ドイツは、プロイセンやハンザ都市がハイチとの貿易に利害があったが、植民地保有国ではないし、黒人奴隷貿易や黒人奴隷制に直接には関与していないからである。そのドイツがハイチの動向に注目したのはなぜなのか。シューラーの論説の大要は次のようである（「自由主義からレイシズムへ」）。

ドイツにおける革命に反対する者たちは、フランス革命にもハイチ革命にも反対の立場をとり、とりわけハイチ革命は、経済的な破滅と白人の無差別殺戮をもたらしたとして忌避した。ところが、イギリス人のマーカス・レインスフォードが書いた『ハイチ黒人帝国の歴史物語』（一八〇五年）のドイツ語訳が一八〇六年に出版されたことで、ハイチに対する評価が劇的に変化した。レインスフォードの本を紹介した『ミネルヴァ』誌の記事「トゥサン・ルヴェルチュール、後世のための史的叙述」では、「これまで極悪非道とされてきた黒人たちは、今やまったく新しい相貌を現し、その指導者トゥサンは称賛に値する偉大な人物である」と書かれた。

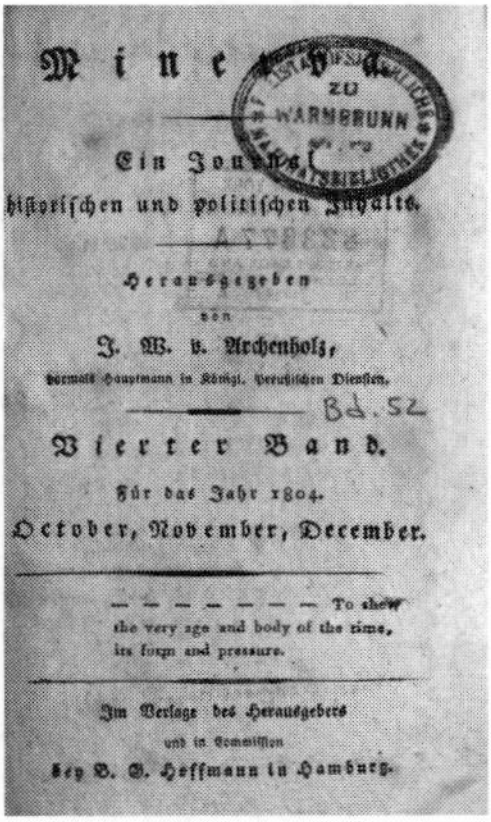
Ein Journal historischen und politischen Inhalts.
Herausgegeben von J. W. v. Archenholz, vormals Hauptmann in Königl. Preußischen Diensten.
Vierter Band.
Für das Jahr 1804.
October, November, December.
To shew the very age and body of the time, its form and pressure.
Im Verlage des Herausgebers und in Commission bey B. G. Hoffmann in Hamburg.

図3-8　『ミネルヴァ』誌

一九世紀の第2四半期には、ドイツの自由主義者たちはこぞってハイチを称賛するようになり、またラテンアメリカ諸国の独立も、ヨーロッパによる植民地支配の終焉を画する世界史の転換点として、称賛するようになる。こうして、ハイチやラテンアメリカの独立運動は、ドイツにおけるナショナリズム運動にとって「鏡」となったのである。

なお、ドイツでハイチ革命に注目した人物にゲオルク・ヴィルヘルム・フリードリヒ・ヘーゲルがいるが、その点は第五章で取り上げることとする。

図 3-9　『少年園』創刊号（1888〈明治 21〉年 11 月 3 日）表紙

ハイチを「鏡」とする態度は明治期の日本でも見られた。一八八八年に創刊された雑誌『少年園』（図 3-9）の第五巻第四九号（一八九〇〈明治二三〉年一一月号）の付録『黒偉人』である。「黒偉人」とはトゥサン・ルヴェルチュールのことで「ツーセン」と表記されている。旧字体を新字体に改めて、要点を抜粋しよう。

「ツーセン」は「自由の大義に一身を擲《なげう》ち、一国の独立を企て、英軍を降し、仏兵を破り、彼の曠世の英雄ナポレオンをして、殆ど手を措くに至らしめたる一大英雄」であり、「千古に其匹《たぐい》を見ざるの大豪傑」である。「ツーセンの事業は独りヘイティ（ハイチ）の一島に止らず」「其功徳広く黒人種全体に及べりというべし」「ヘイティの独立は、劣等の人種と雖《いえ》ども、死を以て自ら守るときは、至強の卒《そつ》至《し》利《り》の器を以て如何ともす可らざるを明にし、人種競争の上に於て、一大鑑戒《かんかい》を世界万国の抑圧者被抑圧者に示すものにして、ツーセンは実に吾人が師とするに足るものあり」。

トゥサンの事業は広く黒人奴隷解放に大きな影響を与えた。そして、命を賭して達成されたハイチの独立は、抑圧者と被抑圧者の別なく鑑《かがみ》とし戒めとすべきものであり、手本とするに相応しい、というのである。「白人―黄人―赤人・黒人」という「人種」序列論に立脚して、「最下位」の黒人ですら偉業を為し得たのだから「文化中にある」日本人に為し得ぬはずがない、という危うい論調を含んではいるのだが、日本人によって初めて書かれたハイチ革命論である。

『黒偉人』以降しばらくは日本人の手になるハイチ革命論は現れず、七六年後、『黒偉人』を基に少年少女向けの物語にした乙骨淑子《おっこつよしこ》作・滝平二郎《たきだいらじろう》絵『八月の太陽を』（一九六六年）まで待たなくてはならない。叙述はトゥサンが非業の死を遂げた一八〇三年までで終わっているが、読み応えのあるトゥサン伝とハイチ革命史であり、筆者がハイチ革命の研究を始めた頃の数少ない貴重な参考文献のうちの一冊であった。

封印するフランス

アンドレ・カバニスとミシェル・L・マルタンの研究によれば、ハイチ革命に関するフランスでの報道は一八〇三年を境に違いが表れるという（「執政・帝政期フランスの公論におけるハイチ独立」)。

一八〇三年まではフランス軍の行動が詳細に報道され、再征服のためのプロパガンダが大々的に展開された。ところが、サン＝ドマングに派遣されたフランス軍の劣勢が顕著になる一八〇三年夏頃から、報道は次第に断片的になり、フィラデルフィアやロンドンを発信地とする間接的な情報に限られてくる。一七九三年から続いていたイギリスとの戦争は、一八〇二年に仏英間で締結されたアミアンの和議によっていったん終結したが、この条約が破棄(一八〇三年五月一三日)されてイギリスによる海上封鎖が強まると、情報量は激減して「無知のなかでの諦め」が支配的になり、一八一〇年以降には幻想も消え失せて、サン＝ドマングの喪失を甘受するようになる。一八一二年以降には「もっと近くの、その結果がより重大な別の敗北」、ナポレオンによるロシア遠征の失敗が同時代人の耳目を独占するようになった。

こうしてサン＝ドマングは忘れ去られ、さらに、本書の「まえがき」で触れたハイチの歴史家トゥルイヨが書いているように、ハイチ革命は「実際にはなかったこと」として「沈黙」させられ封印されたのである。

封印は歴史研究にも及ぶ。ハイチ革命とそれにつながる事柄、黒人奴隷貿易もフランス革命での黒人奴隷制廃止もトゥサン・ルヴェルチュールも、植民地主義に対する批判と「新しいスパルタクス」の出現を待望し唱導する言説が書かれた『両インド史』も、研究対象から遠ざけられることとなった。

そんななかで孤軍奮闘していた歴史家がいたことを、敬意を込めて記しておきたい。本書で幾度か登場するイヴ・ブノ(一九二〇―二〇〇五年。本名エドゥアール・エルマン)である。一九七〇年から一九九〇年代にかけて出版した多くの著書で、啓蒙思想やフランス革命、ナポレオン時代から現代に至るまでの植民地問題や奴隷制問題を論じていたのである。二〇〇五年一〇月二一日に追悼シンポジウムが行われたが、その表題「イヴ・ブノ、反植民地闘争の歴史家」は彼の墓碑銘であった(図3-10)。

図 3-10 イヴ・ブノの墓碑(パリ，ペール・ラシェーズ墓地)

フランス革命を研究する歴史家たちが本格的に封印を解くのは二一世紀に入ってからである。

二〇一二年三月に「フランス革命史研究所」のメンバー五名の共編になる『フランス革命は何であったか』が出版され、そのうちの一章「フランス革命は植民地問題で何をしたのか」では、フランス海外県のグァドループ出身でアフリカ系出自のフレデリック・レジャンが「奴隷制問題、植民地問題の視点が不可欠である」ことを縷々論じた。フランス革命研究をリードしてきた「フランス革命史研究所」が本腰を入れるようになった。今から一〇年ほど前のことである。

三　国際的承認を求めて

ハイチの為政者たちは一様に、独立国家としての承認を得ることを優先課題とした。交渉の相手は三者。第一はハイチに先行して独立国となっていたアメリカ合衆国。第二は旧宗主国のフランス。最後に一八一〇年代以降にラテンアメリカに誕生した新共和国である。

アメリカ合衆国――「交易すれども承認せず」

ハイチが「友好的隣国」として期待したのはアメリカ合衆国である。それには背景があった。一つは、アメリカ合衆国はハイチ革命の過程で重要な貿易相手国となっていて、ハイチとの間に禁輸体制をしいた一八〇六年から一八〇九年までの一時期を除いて、交易関係が維持されたことである。

もう一つは軍事的な友好関係である。やや遡れば、アメリカ独立戦争期の一七七九年、ジョージア州サヴァンナでの会戦にサン＝ドマングの有色自由人約七〇〇名が「サン＝ドマング志願猟兵隊」として北軍に動員された(図3-11)。そのなかには、ハイチ革命のリーダーの一人となり、独立後は北部を統治することになるアンリ・クリストフもいた。そのような関係は第二次独立戦争とも呼ばれる米英戦争(一八一二―一八一五年)の際にも見られ、一八一二年にペションン大統領はニューオリンズのシャルメットに一五〇名の援軍を派遣したのである。

図3-11　サン＝ドマング志願猟兵隊の記念碑(2009年完成)

こうした交易関係、友好関係を背景に、ハイチは独立国家としての承認を求めた。例えば、ペションは一八二二年七月に当時の国務長官ジョン・クインシー・アダムズに次のような要請書を送った。「アメリカ合衆国政府はハイチ政府が政治的状況に関する情報を真っ先に伝える政府でありますが、姉(アメリカ合衆国)が正規の立法によって、独立して一九歳になる妹(ハイチ)を国家として認めるよう要請します。ハイチの人民には、かつて同じ境遇にあり同じ望みを抱いていたアメリカ合衆国の人民が、正義を拒否するなどとは考えられないことです」。

しかし、ハイチからの要請に対してアメリカ合衆国が一貫してとり続けたのは、拒否ないし無視である。そのスタンスを端的に示しているのは、マディソン大統領時代の財務長官アルバート・ギャラティンの言葉である。一八一三年に彼はこう言う。「サン＝ドマング〔ハイチとは言わない〕は独立国でも母国の一部でもない」。なんとも得体の知れない存在ということになるが、このように国の存在そのものを否定しているのだから、独立国家としての承認は論外だったのである。

アメリカ合衆国は、一八二二年六月一九日にアルゼンチンとコロンビアを承認したのを皮切りに、チリ、メキシコなどラテンアメリカに誕生した独立国を相次いで承認したが、ハイチだけは例外だった。

一八二五年一二月六日、大統領になっていたジョン・クインシー・アダムズは、「ハイチは、独立国家といっても名ばかりであり、植民地的従属国に等しい」とした。この時期のハイチとアメリカ合衆国との貿易高は、イギリスやフランスとのそれをはるかに上回り最大のシェアを占めていたし、通商代表を首都ポルトープランスと南西部のレカイに派遣し、また、民間レベルでもハイチへの黒人の移住運動が見られたものの、公式の外交関係の樹立とはならない。「交易すれども承認せず」の態度は変わらなかったのである。

フランス――旧状回復と賠償

フランスとの交渉も、ナポレオン失脚後の王政復古によってルイ一八世が即位した一八一四年から一八二四年までの一〇年間に、四次にわたって断続的に行われた。

一八一四年九月、フランス革命とナポレオン戦争が終結した後のヨーロッパの秩序再建と領土分割を協議すべく、ウィーン会議が開催された。その結果、議定書ではルイ一八世が即位してブルボン王朝の復活と、フランス革命前の状態を回復するとされた。その「フランス革命前の状態」に関して、英仏間では「フランスはイギリスの船舶に通商の自由を認める。その引き換えにイギリスは、フランスがサン＝ドマングに権威を再建することに同意する」という秘密協定が結ばれた。

この協定を受けて、ハイチに派遣されたフランスの使節は二手に分かれ、南部のペションと北部のクリストフと別々に会見を試みた。ペションにはフランスでの王政復古に見合った旧状回復、要するに植民地の状態に戻すことを提案したが、ペションは拒否した。しかしその際、ペションはハイチ承認を促進させるために、旧コロンが失ったプランテーションなどの財産に対する賠償金を支払う用意があることを示唆した。一方クリストフは、フランスは奴隷制の再建を目論んでいると察して、会見を拒否した。

第二次の交渉は一八一六年一〇月から一一月までである。ルイ一八世は再度ハイチへ使節を派遣した。その際、レジョン・ドヌール勲章やサン・ルイ勲章をはじめ、おびただしい数の物品を持参したという。使節に与えられた指示は、ペションおよびクリストフとの関係を維持すること、そしてフランスとハイチとの間に通商関係を維持することであった。これに対して、ペションは「ハイチの人民は自由と独立を望んでいる」として交渉の取り止めを通知し、クリストフは今度もフランス使節の受け入れを拒否した。

第三次交渉は一八二三年に行われた。この時には、すでにクリストフもペションも死去しており、ボワイエによる全土統一の時代に入っている。フランスはハイチに賠償金額を提示するよう要求した。これに対して、ハイチの側は独立承認の見返りに商業特権を与える案――フランス商品のハイチへの輸入について、向こう五年間については関税を免除し、その後は輸入関税を半額にする――を示した。だが双方の折り合いがつかず、交渉は不調に終わった。

第四次交渉は一八二四年五月から六月までである。今度はハイチがパリに使節を派遣し、独立承認の交換条件として、一億フランを限度とする賠償金を支払う用意があることを伝えた。これに対してフランスは賠償金の増額を要求した。だが、ここでも折り合いがつかず、交渉は再び暗礁に乗り上げた。

「ラテンアメリカ＝カリブ共同体」の模索

フランスとの交渉が暗礁に乗り上げている間に、ハイチが接近を試みたのはラテンアメリカである。一八二四年六月末にハイチは政府代表委員をグラン・コロンビア(現在のヴェネズエラ、コロンビア、エクアドルからなる）の首都ボゴタに派遣して、軍事・通商条約の締結を打診した。これに対する一八二四年七月一五日付のグラン・コロンビアからの返書は冷淡なものだった。「旧宗主国から事実上独立している旧スペイン領以外の地域との将来にわたる政治上・通商上の関係の原則については、ヨーロッパの強国の意向に配慮しつつ、明年中にパナマで開催される予定の会議において協議したいと思っている」。

ところが、一八二六年六月のパナマ会議（ラテンアメリカ諸国会議）にハイチは招聘されなかった。「旧スペイン領アメリカに限る」というのが表向きの理由だが、ハイチの参加がラテンアメリカにおける「人種」紛争の火種になることを怖れた、というのが真相であった。

こうしてハイチは封じ込められ、ラテンアメリカでは一八六五年のブラジルまでハイチを承認する国は現れない。

一方で、独立後のハイチはラテンアメリカとカリブ海地域を包含する「広い連邦」、「ラテンアメリカ＝カリブ共同体」と言えるものを構想していたのではないかと思われる。「ラテンアメリカ＝カリブ共同体」とは、ラテンアメリカとカリブ海地域のすべてで奴隷制を廃止し、互いの経済を補完しあう貿易関係を確立し、政治・外交関係や軍事条約を締結してヨーロッパ諸国からの「再征服」に備える、そのようなシステムである。もしそれが実現するならば、少なくとも、国民国家を単位とする国際秩序とは異なるシステムとなる可能性を内包していたであろう。これを論証する十分な材料はないのだが、ボリーバルへの資金援助を繰り返し行ったことや、一八二四年にグラン・コロンビアに軍事・通商条約の締結を打診したことなどが傍証となろう。

ラテンアメリカとカリブ海の全域に奴隷解放を広めるという点に関しては、デサリーヌの言葉を引用することもできる。彼は一八〇四年、総督就任演説の中で「不運なるマルティニクの人々よ。私には、諸君を助けに飛んで行くことも、諸君の鎖を壊してやることもできない。だが、いつの日か、我々が点けた火から出る火花が諸君の魂のなかで炸裂することだろう」と述べた(デイヴィッド・ニコルズ『デサリーヌからデュヴァリエまで』)。

エリック・ウィリアムズ、歴史家であると同時にトリニダード・トバゴのイギリスからの独立運動の指導者で、一九六二年の独立後は四半世紀にわたって首相を務めた政治家でもあった人物だが、一九七〇年に著した名著『コロンブスからカストロまで、カリブ海域史、一四九二―一九六九年』で、五世紀にわたる植民地主義と帝国主義によって深く侵され分断されてきた歴史を分析したうえで、カリブが将来「ラテンアメリカと新世界に本来の位置を占める」ためには「全カリブ海域の真の統合」が必要であることを力説した。「ラテンアメリカ＝カリブ共同体」構想は、この「カリブ海域の統合」の最初の試みだったと言えるのではないだろうか。

のしかかる「賠償金」

一八二五年四月一七日、ルイ一八世を継いだシャルル一〇世は次のような王令を発した。

フランス商業の利益、サン＝ドマングの旧コロンが蒙《こうむ》った不幸、この島の住民が置かれている不安定な状況に鑑《かんが》み、次のごとく定める。

第一条　サン＝ドマングのすべての港をすべての国に開放する。船舶・商品に対する関税は同一とする。ただし、フランスの船舶・商品に限っては半額に減ずる。

第二条　サン＝ドマングの住民は、旧コロンに対する償いとして一億五〇〇〇万フランの賠償金を五年年賦で、かつその初回分を一八二五年一二月三一日までに支払うものとする。

第三条　本王令をもってフランス領サン＝ドマング住民の完全な独立を許可する。

この王令は、約三カ月後の一八二五年七月一一日にボワイエ大統領が受諾したことで発効した。その経緯を歴史家のフランソワ・ブランパンは次のように書いている（『ハイチ＝フランス間の財政関係の一世紀』）。

一八二五年七月三日、ポルトープランスには四四門のカノン砲を装備したフリゲート艦と二隻の船が入港した。艦長のマッコ男爵がボワイエ大統領にシャルル一〇世のメッセージを手渡した〔図３-12〕。七月一一日、ボワイエが王令を受諾すると、カリブ海に配備されていたフランスの艦隊が独立国家の誕生を祝うためポルトープランスに入港した。その数一四隻、カノン砲は全部で五二八門だった。

このように、圧倒的な軍事力を背景としていたのである。

王令の第二条が定める一億五〇〇〇万フランという「賠償金」はとてつもない金額だった。当時のハイチの歳入額は一八二三年で一三五〇万フラン、一八二四年で一五五〇万フランである。つまり、賠償額の一億五〇〇〇万フランは約一〇年分の歳入額に相当する。また、一八二三年のハイチの輸出総額は約三〇〇〇万フラン、そのうち純益は一五〇〇万フランである。一億五〇〇〇万フランは一〇年分の輸出純益にも相当したのである。

図 3-12　マッコ男爵がボワイエ大統領にシャルル 10 世のメッセージを手渡す

最初の支払いはフランスから三〇〇〇万フラン(利息を控除した受取額は二四〇〇万フラン)を借り入れることで行われた。しかし、その後支払いが滞ったために、一八三八年には残りの一億二〇〇〇万フランを六〇〇〇万フランに減額し(したがって「賠償金」の総額は九〇〇〇万フランとなる)、これを一八六七年までの三〇年間で支払うとされた。だが、これも履行できず、一八七五年に一四〇〇万フランの残額があった。ハイチはフランスから一八七五年、一八九六年、一九一〇年の三度にわたって合計一億六五〇〇万フランの借款を繰り返した。ただし、利息分が天引きされたため、実際の受取額は合計八三五〇万フランであった。

　このようにハイチは、フランスへの「賠償金」支払いと借款の返済という「二重の債務」を抱えることとなったのである。一九二二年時点の債務の総額は約七〇〇〇万フランだったが、同年にアメリカ合衆国から四〇〇〇万ドルの借款を行い（この時も、三〇年年賦で六％の利率だったために実際の受取額は二四〇〇万ドル弱）、これを原資としてフランスへの「賠償金」の残額一四〇〇〇万フランの支払いを完了した。シャルル一〇世の王令から起算して約一〇〇年後のことである。また、アメリカからの借款の返済を終えたのは一九四七年である。

図 3-13　『1825 年，フランスがハイチを承認』（作者不詳）

　図3-13は、一八二五年にフランスがハイチを独立国家として承認したことを描いたものである。玉座のシャルル一〇世が、右手で光彩を放つ文書（ハイチ承認を宣言した王令）を指し示しながら、左手では跪く黒人の鉄鎖を引き千切ってやっている

ように見える。図の下には「独立を受け取るがよい。我らが美しきフランスのごとく、仕合せであるように」と書かれている。先に示した『一七九四年の奴隷制廃止のアレゴリー』(図2-8)の構図と同じである。ハイチの承認は恩恵であるという主張であろう。

繰り返すが、シャルル一〇世の王令の第三条は「フランス領サン＝ドマング住民の完全な独立を許可する」という文で結ばれた。前述のように、それは、軍事的威圧を背景にしながら、ハイチの側の一方的な譲歩による過酷な条件によるものだった。

ハイチが「友好的隣国」とみたアメリカ合衆国から承認を得られず、また、ラテンアメリカ諸国との提携の可能性が失われたために、支払能力を超える巨額の「賠償金」を支払ってまでして、旧宗主国フランスから独立国家としての承認を取り付ける結果となったのである。

クリストフ・ヴァルニー、一九九三年から一九九六年までジャン＝ベルトラン・アリスティド大統領の顧問を務めたことのある「ハイチ通」で知られるフランス人だが、彼は先述した二〇一〇年一月一二日の大地震の後、二月一日の『ル・モンド＝ディプロマティーク』誌に寄せた論説「ハイチ地震――悲惨の地層」で次のように書いた。

大地震は天災なのだろうか。半分はそうだ。ハイチ人のせいなのか。けっしてそんなことはない。宿命なのか。安易にすぎる。呪いなのか。多分そうだ。しかし、どんな呪いなのか。呪いはどこからやって来たのか。はるか遠い昔からである。ハイチは誕生に由来する大きな代価を今も払い続けているのだ。

「誕生に由来する大きな代価」としてヴァルニーが最も重視するのは「賠償金」である。彼は、ハイチ独立二〇〇周年にあたる二〇〇四年に出版した『ハイチは存在しない』でこう書いていた。

賠償金は最初からハイチの発展に重くのしかかった。ハイチの後進性は、窃盗狂による独裁、無能な行政、効率の悪い農業、人口増加、生態系の破壊などの他の要因によっても説明できるとしても、である。

ハイチの困難な国状の歴史的淵源が「賠償金」にあることは、ハイチ史家たちがこぞって認めている。一例だけ挙げよう。前出のブランパンは一九九九年に『ハイチと合衆国』で次のように書いた。

賠償金はハイチの低開発の一つの原因となった。あらゆる点から見て、ハイチは大変な高額で独立を買い取ったのである。

二〇〇二年から二〇〇四年にかけて、当時の大統領アリスティドがフランスに対して、この「賠償金」の返還を繰り返し要求した。その点は第五章で触れることにする。

先駆的な黒人奴隷解放と独立という輝かしい歴史を持つにもかかわらず、ハイチは極度の貧困に喘《あえ》いでいる、という表現は不的確である。むしろ、そのような先駆的な国であるが故に貧困化へと向かわされた、と言わなければならないであろう。当時の周辺世界は「世界初の黒人共和国」を歓迎しなかった。ハイチは、その先駆性ゆえに、苦難を強いられることになったのである。

第4章

帝国の裏庭で

――ハイチとアメリカ合衆国――

棍棒を持ったセオドア・ローズヴェルトがカリブ海を歩き回る姿を描いた諷刺画(W. A. ロジャース作，1904年)．本章154頁参照

ハイチの現代史はアメリカ合衆国との関係を抜きに考えることができない。あるいは、ハイチはアメリカ合衆国史の一面を照射すると言っても良い。この章では、一九一五年から一九三四年まで続いたアメリカ合衆国によるハイチの軍事占領に焦点を当てる。

それに先立って、エイブラハム・リンカーン大統領(在任一八六一年三月四日—一八六五年四月一五日)によるハイチ承認について触れておかなければならない。

一　リンカーンによるハイチ承認

アメリカ合衆国がハイチを独立国家として承認したのは、南北戦争(一八六一—一八六五年)のさなかの一八六二年六月五日のことである。この日、連邦議会はハイチとリベリアへの外交代表となる総領事の指名に関する議案を可決し、これにリンカーンが署名した。一八〇四年一月一日のハイチ独立宣言から五八年、前章で述べたような永い拒否の末に、ハイチ承認に踏み切ったのはなぜか。結論を先取りするなら、それは、奴隷解放と表裏一体として着想された「黒人植民」を遂行するための外交上の布石となる、政治的な決断だったということである。

黒人植民事業

「黒人植民」(Black Colonization または Black Resettlement) という言葉を聞き慣れない読者が多いかもしれない。貴堂嘉之『南北戦争の時代』(二〇一九年)を参照しながら、かいつまんで解説しよう。

一八一六年一二月に「アメリカ植民協会」(American Colonization Society) が組織された。目的は「自由黒人」を故地アフリカに送還する、つまり植民させることである。「自由黒人」とは奴隷身分でない黒人のことを言う。アメリカ合衆国の大西洋岸中部では一七九九年にニューヨークが漸次的な奴隷解放令を制定したのを皮切りに、一九世紀初頭にはニュージャージー、オハイオなどが奴隷制の導入を禁止した。また、南西部の奴隷主も多くが奴隷解放を実施した。その結果、「自由黒人」は全黒人人口の一三%ほどに達した。

一八一九年、連邦議会は「自由黒人」の送還地を確保するための予算を組み、一八二一年にはジェームズ・モンロー大統領が派遣した海軍大尉ロバート・ストックトンが、アフリカ西海岸に植民地を獲得した。その地はラテン語の「自由人 liber」に因んで「リベリア Liberia」と命名され、首都はモンロー大統領に因んで「モンロヴィア Monrovia」と命名された。リベリアは一八四八年七月二六日にアメリカ合衆国からの独立を宣言してリベリア共和国となった。ハイチに次ぐ世界史上二番目の「黒人共和国」である。アメリカ合衆国がリベリアを独立国として承認するのは、ハイチと同じ一八六二年六月五日のことである。

解説はこれくらいにして本題に入ろう。日本でリンカーンの黒人植民事業について触れた研究は多数あるが、ハイチへの植民にまで言及しているのは、清水忠重『アメリカの黒人奴隷制論――その思想史的展開』(二〇〇一年)所収の「リンカーンの黒人植民政策」のみである。概要が簡潔に整理されているので、これに依拠し、海外の研究によって補うことにする。

清水によれば、リンカーンが黒人植民事業に初めて言及したのは一八五二年六月二九日、ホイッグ党(後の共和党)の指導者で、アメリカ植民協会の第四代会長を務めたヘンリー・クレイへの追悼演説である。リンカーンは「アフリカにその子どもたちを送り返すという考え方には道徳に適ったものがあります」というクレイの二五年前(一八二七年)の演説を引用したうえで、次のように言う。

もしも植民の支持者たちが期待しているように、我が国の現在および将来の世代が、なんらかの方法で我が国を奴隷制という危険物から解放し、それと同時に、囚われた人々を、将来への輝かしい希望を持たせて、長いあいだ遠ざけられていた彼らの祖国に帰すことに成功するならば、また、この変革によっていずれの人種も個人もなんらの被害も受けないかたちで徐々にこれを行うならば、それこそ輝かしい大団円になるでありましょう。

二年後の一八五四年一〇月一六日のイリノイ州ピオリアでの演説では、「これを一挙にやり遂げるのは不可能です」とトーンダウンするが、一八五七年六月二六日のイリノイ州スプリングフィールドでの演説では再び積極的な姿勢に転じ、「アフリカ人を生まれ故郷に送還することが道徳的に正しいことで、同時に我々の利益にも適うものである、少なくとも我々の利益に反するものではないことを確信しようではありませんか」と述べた。同じ演説のなかでリンカーンは、白人と黒人の混血を食い止めなければならず、その最善の方法が黒人植民であるとした。

白人と黒人の間の見境のない人種混交には、ほとんどすべての白人に生理的な嫌悪感があります。（中略）両人種を分離することが人種混交を防ぐ唯一の完璧な防止策であります。（中略）これを効果的に行おうとするなら、植民によらなくてはなりません。

五年前のクレイへの追悼演説にあった温情的なトーンは消え、黒人植民の眼目が「人種混交」に対する嫌悪感に根ざした「人種分離」にあることが示されている。

さらに一八五八年八月二一日イリノイ州オタワでの演説、これは民主党の大物政治家で奴隷制擁護派のスティーヴン・A・ダグラスとの論戦、いわゆる「リンカーン＝ダグラス論争」の第一回目での演説だが、そこでは、先述のピオリアでの演説と同じ内容が繰り返され、奴隷制問題の解決について「最初に思いつくのはリベリアへ送還することですが、そのために必要になる船舶にも資金にも余裕がありません」とした。

一八六一年四月に南北戦争が始まってからも、リンカーンは黒人植民に関与し続けたが、問題は植民のための資金である。まず一八六二年四月一六日の連邦議会は、黒人植民のための資金として一〇万ドルの予算を組み、大統領の使用に委ねることを決定した。次いで同年七月一七日に制定された第二次没収法は、新たに五〇万ドルの国費を計上した。これについては、少し説明しなければならない。

南北戦争前のアメリカ合衆国では、奴隷制を認めない州(自由州)と奴隷制を合法とする州(奴隷州)とがあった。戦争が勃発すると、一一の奴隷州(ヴァージニア、ノース・カロライナ、サウス・カロライナ、ジョージア、フロリダ、アラバマ、ミシシッピ、テネシー、アーカンソー、ルイジアナ、テキサス)が連邦を脱退して「南部連合」を結成した。連邦議会は一八六一年八月六日に、「南部連合」への加担者の財産を押収することを許可する没収法を制定した(第一次没収法)。その際、財産の没収には反乱加担者が所有する奴隷を解放することも含まれていた。翌一八六二年七月一七日に制定された没収法(第二次没収法)では、解放後に連邦軍に参加した黒人が将来植民するための費用として、五〇万ドルの国費を計上した。

こうしてリンカーンは、植民事業のために先の一〇万ドルと合わせて総額六〇万ドルを自由にできるようになったのである。

そこで問題になるのは、どこに植民させるかである。これについては様々な意見があった。共和党の下院議員カレブ・ブラッド・スミスは、リベリアは気候が悪く、黒人はそんなに遠くまで行きたがらないし、膨大な費用を要するため問題外。ハイチは「文化水準」が低くカトリック国でもあり、この先、スペインの支配下に入る可能性があるため、これも不適当。アメリカ合衆国に近く、石炭が豊富なチリキ地方(当時はコロンビアの一部、現在はパナマ共和国の北西部)が現実的であるとした。

牧師でアメリカ植民協会の役職にあったジェームズ・ミッチェルは、中米とメキシコへの漸次的植民を推奨して、こう言う。「我々の共和国は均質な国民にあてられる。黒人が白人と一緒に住み続けると国民生活の脅威となる。家族生活は瓦解するし、混血の子どもたちがやがて白人の優越性を覆すことにもなりかねない」。リンカーンはミッチェルの意見に共鳴し、後に移民局長官に登用した。

一八六二年八月初旬、リベリア共和国初代大統領を務めたジョゼフ・ジェンキンス・ロバーツ(在任一八四七―一八五六年)がホワイトハウスを訪れ、リベリアへの黒人植民の増員を要請した。これを受けて同年八月一四日、リンカーンはエドワード・M・トーマスら五人の自由黒人を招いて会談した。まず、リンカーンはこう語った。

黒人と白人とは異なる人種で、そこには他のどんな二つの人種の間に存在する違いよりも大きな違いがあります。この身体上の違いのために私たちは互いに苦しんでいるのです。(中略)奴隷制度とその土台としての黒人がいなかったならば、今のような戦争はあり得なかったと思います。ですから、あなた方が私たちとは別々に離れたところで生活するのが双方にとって良いことなのです。(中略)あなたたちの人種のために、その人種という点において白人と同じように偉大であるために、あなたたちは現在の快適さの何かを犠牲にするべきです。(中略)酷な言い方かもしれませんが、我々白人の側には、あなたがた自由黒人に我々のもとに留まってほしくないという気持ちがあるのです。

言葉遣いは丁重だが、内容は露骨である。「奴隷制度とその土台としての黒人がいなかったならば、今のような戦争はあり得なかった」と、南北戦争の責任は黒人にあるかのような言い方で、奴隷貿易と奴隷制度に対するアメリカ合衆国の関与が不問に付される。

こう述べた後、リンカーンはロバーツ元リベリア大統領が来訪して黒人植民の増員を要請したことを紹介したうえで、中米への植民を勧める。遠いリベリアよりも四分の一ほどの近距離で定期便が通っており、気候はアメリカ合衆国よりも黒人の体質に向いている、天然資源とくに石炭の埋蔵量が豊富なので、石炭採掘で生計が立てられるし、石炭はアメリカ合衆国にとっても利益がある、とした。

自由黒人との会談から約一カ月後、チリキ植民事業に着手する。チリキ地方の鉱山開発と鉄道敷設の利権を持つと称する実業家で、「チリキ開発会社」なるものを発足させて植民者を募っていたアンブローズ・W・トンプソンから黒人植民の話をもちかけられたリンカーンは、一八六二年九月一一日にチリキ植民契約を締結した。リンカーンの名に因んで「リンコニア植民地」と命名され、当面、五〇〇人を送り込む計画だった。

だが、コスタリカ、ホンジュラス、ニカラグア、グアテマラ、エルサルバドルなど中米諸国の反対に遭遇した。ラテンアメリカ諸国との善隣外交を唱えるウィリアム・ヘンリー・スワード国務長官の説得を受けて、リンカーンはチリキ植民を断念した。

その一一日後の一八六二年九月二二日に奴隷解放予備宣言が出る。これは連邦軍が占領した反乱州の奴隷を一八六三年一月一日を期して解放するという宣言で、そこでは「アメリカ大陸かその他の場所に、あらかじめその土地の政府の合意を取り付けたうえで、植民する努力は今後とも続けられるものとする」とされた。

ハイチ・ヴァシュ島植民の悲劇

チリキ地方への黒人植民を断念したリンカーンは、ラテンアメリカに植民地を持つイギリス、デンマーク、オランダの各国に入植の可否を打診した。イギリス領ギアナ(現ガイアナ共和国)は興味を示し、移民周旋人を指名してニューヨーク市に事務所を開設すると返答してきた。デンマークは、三年間砂糖プランテーションで働くという条件でカリブ海のセント・クロイ島に受け入れると提案した。オランダは、一定期間の定住を条件に南米のスリナム(現スリナム共和国)に迎えると返答してきた。

だが、いずれの返答にもリンカーンは満足しなかった。そこで、再びハイチが候補地として浮上した。「文化水準」が低いことやカトリック国であるなどの理由から見送られたハイチだが、今度は最善の選択とされたのである。

一八六二年一〇月初旬、ハイチ南西部レカイ沖のヴァシュ島に租借権を持つというバーナード・コックなる人物からの手紙がリンカーンに届いた。黒人をヴァシュ島に移住させて住居と仕事を提供したい、気候は快適で住宅や病院、学校、教会なども揃っているとの内容であった。一八六二年一二月三一日、共和党の上院議員で熱烈な植民論者であるジェームズ・R・ドゥーリトルを伴ってホワイトハウスを訪れたコックとの間に、五〇〇〇人を一人当たり五〇ドルの費用で入植させるという契約書に署名した。しかし、コックの素行と誠意に疑いを抱いたスワード国務長官が認可の署名を拒否したため取り止めとなった。その翌日一八六三年一月一日は奴隷解放宣言の日である。その宣言では黒人植民については言及されていない。

清水忠重は、チリキ植民契約が奴隷解放予備宣言の一一日前に、ヴァシュ島植民契約が奴隷解放宣言の前日に締結されたことを重視する。そして「リンカーンは奴隷解放の実施にあたって、植民地の確保が急務であることを痛感していた。彼は奴隷解放と黒人植民はあくまで表裏一体なものとして構想していたのであって、国内での奴隷解放は彼にとっては不本意で不完全なものでしかなかった」としている。

奴隷解放宣言から数カ月後、沙汰止みになっていたヴァシュ島植民計画が再浮上する。バーナード・コックはウォール街の金融ブローカーであるポール・S・フォーブスとチャールズ・K・タッカーマンにヴァシュ島の租借権を譲渡していたが、リンカーンはこの二人との間に五〇〇人を一人当たり五〇ドルの費用で入植させる契約書に署名したのである。今回はスワード国務長官も反対しなかった。

一八六三年四月一四日、女性、子どもを含む四五三人の黒人が「オーシャン・レンジャー号」でヴァシュ島に向けて出発した。

航海中に天然痘が発生して三〇人が死亡した。現地に着いてみると、教会や学校はおろか住居もなく、土地は疲弊していた。さらに、植民者たちはマラリア熱に苦しめられた。しかも後日になって、ヴァシュ島植民計画にはハイチ政府の了承が得られていないことが判明し、結局、ハイチ政府の認可は下りなかったのである。一八六四年二月末に「マーシア・デイ号」がヴァシュ島に派遣され、三月二〇日に三六八人の生存者を乗せて帰還した。かくして、ハイチ・ヴァシュ島への植民は、出発した黒人の二割に近い八五名の死者を出すという悲劇で終わった。

植民事業に用意された総額六〇万ドルのうち、実際の支出はわずか三万八三二八ドル九三セントだった。一八六四年七月二日の連邦議会は黒人植民に国費を充てる法律の無効を宣言した。財政支援を打ち切られたリンカーンは植民事業から撤退せざるを得なくなったのである。

とはいえ、リンカーンは死去の直前まで黒人植民に執着していた。この点で重要なのがフィリップ・W・マグネスとセバスティアン・N・ペイジの共著『奴隷解放後の植民──リンカーンと黒人植民のための運動』(二〇一一年)である。彼らが発見した史料によれば、一八六三年一月一日の奴隷解放宣言の数週間後に、リンカーンは駐米イギリス公使リチャード・ビッカートン・ペメル・ライオンズ卿と極秘裡に会談し、イギリス領のホンジュラス(現ベリーズ)とギアナへの植民について打診し、ミッチェル移民局長官の下で植民事業が構想されたが、この「リンカーンによる最後の黒人植民構想」は内閣の賛同が得られず、南北戦争の終結(一八六五年四月九日)前に挫折したという。そのためであろう、リンカーン死去の四〇日前の一八六五年三月四日に行われた第二期大統領就任演説では、植民についてはいっさい言及されない。

以上がリンカーンによる黒人植民事業の顛末である。起伏や紆余曲折はあるものの、黒人植民を一貫して追求していたことが読み取れるであろう。

リンカーンの黒人植民事業の意味を端的に指摘したものとして、ギデオン・ウェルズの証言が重要である。南北戦争当時、ウェルズは海軍長官の役職にあり、リンカーン顧問団の一人として奴隷解放宣言草案の議論にも加わった人物である。彼はリンカーン死後の一八七二年から一八七七年にかけて、『ギャラクシー』誌に「リンカーンとジョンソン〔アンドリュー・ジョンソン。リンカーンの後継、第一七代大統領〕」、「奴隷解放の歴史」、「エイブラハム・リンカーンの政権」などの文章を載せている。その内容は、大略、次のようである。

リンカーンは奴隷制反対の立場だったが、政治的には奴隷制廃止論者《アボリショニスト》ではなかった。事態が推移するなか、戦争遂行の必要に迫られて奴隷を解放したのである。しかし、見逃してはならないのは、解放された奴隷を植民させ国外へ追放すること(deportation)が奴隷解放政策の枢要な部分と考えられたことである。真実を語ることが禁じられてはならない。リンカーンは、黒人がアメリカから去ることが白人と黒人の双方にとって最善である、と確信していたのだ。つまり、一八六二年八月一四日にホワイトハウスで五人の自由黒人と会談した際に、「あなた方が私たちとは別々に離れたところで生活するのが双方にとって良いことなのです」と言明したように。

リンカーンが黒人植民に執着した理由は二つある。一つは南北戦争後の社会的融和を確保すること。もう一つは、黒人は生来、劣っていると考えていたことである(これに関連して、ヘンリー・ルイス・ゲイツJr.は論文「エイブラハム・リンカーンの人種・奴隷制論」(二〇〇九年)で、リンカーンが、奴隷制擁護論者のスティーヴン・A・ダグラスほど頻繁ではないものの、〈nigger〉の語を少なくとも一八六二年までは使っていたことを特記している)。奴隷解放に踏み切るかなり前から、そしてアメリカ合衆国からアフリカ人を追い払うことが必要だという信念から、リンカーンは他の植民論者よりもはるかに突っ込んだ植民構想を持っていた。リンカーンにとって奴隷解放と黒人植民は密接不可分だったのである。

南北戦争直前の一八六〇年の時点で、アメリカ合衆国における黒人総数は四〇〇万人を超えていた。このように多数の人間を国外移住させようとすることがそもそも荒唐無稽ではないのか、という疑問も出てくる。

フィリップ・ショウ・パルダンが「リンカーンと植民――政策かプロパガンダか」(二〇〇四年)で論じているように、リンカーンの黒人植民事業は、本気の政策というよりも、「異人種混交」を忌避する白人の感情につけ込んで、世論を掌握するためのプロパガンダと見ることもあながち的外れではない。

しかしエリック・フォーナーは「リンカーンと植民」(二〇〇一年)で、レコンキスタ完了後のイスラーム教徒やユダヤ人、七年戦争中のカナダ・アカディア人、ミシシッピ川以東の先住民、一八四〇年代のアイルランド移民などの例を挙げて、「リンカーンの植民信奉は一時的な思い付きではなく」「黒人奴隷の即時解放に比べれば非現実的ではないと考えられた」としている。

黒人植民が失敗に終わった結果、アメリカ合衆国は黒人問題を国内で「解決」しなければならないことになる。だが黒人植民の言説が完全に姿を消すのではない。その好例がウィリアム・P・ピケット（一八五八―一九二八年。文筆家）の『黒人問題――エイブラハム・リンカーンの解決』（一九〇九年）である。

リンカーン生誕一〇〇周年に出版されたこの本は、第一部で問題の所在を、第二部でその解決のための諸方策とりわけリンカーンの政策を詳述した後で、第三部では「真の解決策」と題してピケット自身の提言を書いている。彼の言う「真の解決策」とは、ハイチあるいはリベリアへの黒人植民を両国の同意を得て進めることであり、それによってリンカーンの構想を完成させることになるのだとしている。シリル・ブリッグスが論文「アメリカの人種問題」（一九一八年）で、ピケットの論説を白人が提唱する人種問題の解決策の代表例として挙げていることからすると、一定の影響力を持っていたものと推察される。

ピケットの本はリンカーン生誕二〇〇周年にあたる二〇〇九年に復刻され、二〇一九年にも版を重ねた。出版元のビブリオ・バザール社は「入手困難となった稀覯本を閲読に供する」と説明しているが、なぜこの本が選ばれたのか、そして現代のアメリカ合衆国の人々がどのように読んでいるのかは知りたいところである。

ハイチ承認

繰り返すが、アメリカ合衆国がハイチとリベリアを独立国として承認したのは、一八六二年六月五日のことである。

一八〇四年に独立を宣言したハイチを一八二五年にフランスが世界で初めて承認し、一八三三年のイギリスを皮切りに、オランダ、スペイン、デンマーク、ベルギー、ポルトガル、スウェーデンなどヨーロッパの主要国が続いたが、アメリカ合衆国は「交易すれども承認せず」というスタンスを変えていなかったのである。

一方、一八二〇年代にアメリカ合衆国の自由黒人のために建設された入植地を起源とし、一八四七年に独立を宣言したリベリアを、翌年にイギリスが承認したのを皮切りに、一八六一年までにフランス、ベルギー、デンマークが承認していた。アメリカ合衆国は首都モンロヴィアに通商代表を送り、アメリカ植民協会のヘンリー・クレイなどが要求していたのだが、承認には至っていなかったのである。

少し詳しいアメリカ合衆国史の概説書でもハイチ承認の経緯には触れられておらず、アメリカ合衆国でも本格的に論じた研究がない。披見した唯一の研究はチャールズ・H・ウェズリーの「ハイチとリベリアを独立の共和国として認めるための努力」(一九一七年)である。いささか古い論文だが、簡潔に経緯をまとめてくれている。

リンカーンがハイチ承認の問題について言及したのは、唯一、一八六一年一二月三日の連邦議会における最初の年次教書である。ウェズリーはその教書から次の一節を引用している。

ハイチとリベリアの主権と独立を否定し続けるどんな良き理由があろうと、私はそれを認めることはできません。しかし、連邦議会の認可を得ずして新しい政策を開始しない所存ですので、代理公使の派遣に必要な費用について、近々に諸君の検討に委ねることとします。両国との協定によって交易上の利益が得られることは疑いないのであります。

一八六二年二月四日、マサチューセッツ州の反奴隷制運動の指導者で、当時共和党議員として上院外交委員会委員長を務めていたチャールズ・サムナーが、リンカーンの意を体して「ハイチとリベリアへの外交代表を指名する権限を大統領に与える。外交代表には総領事としての信任状を与える」という議案を提出した。

サムナーの提案には、南北戦争開始後も連邦にとどまっていた奴隷州の議員が反対した。ケンタッキー州選出の民主党上院議員ギャレット・デイヴィスは「そんなことをすれば、両国は全権公使や代理公使を送ってくることになり、純血の黒人が白人と同等の地位を得ることになる。ワシントンに彼らを受け容れる用意はない」とした。

また、メリーランド州選出の民主党上院議員ウィラード・ソールズベリは「ホワイトハウスでアフリカ出自の純血の黒人が上院のフロアを闊歩することになる。そんなことは、この国の人々の賛同が得られたとしても、私は賛成できない」と嫌悪感を露にした。

これに対してサムナーは一八六二年四月二三日に、「合衆国の伝統的な政策は、六〇年ものあいだ事実上独立国であり、列強により既に承認されてきた国の承認を求めている」と反論した。その際、アメリカ合衆国とハイチとの貿易の重要性を強調したが、この議論が説得的だったという。

一八六二年六月五日に議案の採決が行われ、上院で賛成三二、反対七、下院では賛成八六、反対三七で可決し、即日リンカーンの署名により発効となった。

ウェズリーは、採決の結果が圧倒的多数の賛成となった背景として、この時の連邦議会の勢力配置を重視する。すなわち、一八六〇年一一月六日にリンカーンが大統領に当選した後、一二月二〇日にはサウス・カロライナが連邦脱退条例を採択し、翌年の二月一日までに低南部のフロリダ、ミシシッピ、アラバマ、ジョージア、ルイジアナ、テキサスの六州もこれに続き、「南部連合」を結成したため、連邦に留まる奴隷州はデラウェア、メリーランド、ケンタッキー、ミズーリの四州のみとなっていたのである。してみれば、リンカーンとサムナーには十分に成算があっての議案提出だったであろう。

一八六二年七月一二日、リンカーンはニューハンプシャー出身の法律家で外交官でもあるベンジャミン・F・ホイッデンを初代総領事に指名し、一〇月一日にはポルトープランスに総領事館を開設して、ホイッデンがハイチ政府に信任状を提示した。かくして、ハイチとアメリカ合衆国との国交が成立したのである。

ちなみに、一八七一年にハイチ政府はサムナーの尽力に謝意を表してメダルを授与し、議事堂に肖像を掲げたという。また、筆者は発行年を確認できていないが、ハイチにはリンカーンの肖像を入れた数種類の切手がある。

リンカーンによるハイチ承認と植民事業との関わりについて、もう少し掘り下げてみたい。ウェズリーは引用していないが、「ハイチとリベリアの主権と独立を否定し続けるどんな良き理由があろうと、私はそれを認めることはできません」の文が出てくる先述の教書の後半には、「植民」の単語が三回出てくる。すなわち、「植民計画の遂行にはどうしても領土の獲得が必要になります」として、第一章で述べた一八〇三年のルイジアナ購入の先例を示し、そして「ともかく植民に向けて一歩を踏み出すべきです。その植民には自由黒人を含めるべきです。そのためには領土の入手あるいは拡張が、そして資金も必要になるでしょう」としている。

ここには具体的な植民先は示されていない。だが筆者は、リンカーンは一八六一年末の時点で、ハイチとリベリアを独立国家として承認することを黒人植民事業のための外交上の布石にしようと考えていた、と推測する。この推測の妥当性を確証する決定的な史料は得られていないが、同じ理解を示す例を挙げることができる。

ジェームズ・D・ロケットは「エイブラハム・リンカーンと植民——ハイチ・ヴァシュ島での悲劇で終わったエピソード、一八六三―一八六四年」(一九九一年)で、「一八六二年春にリンカーンがハイチとリベリアの承認議案に署名したのは植民先を探すためだった」としている。

前出のフォーナーは、「リンカーンは、黒人の移住の可能性を高めるために、ハイチとリベリアを外交上承認することを主張した」と書いている。

また、フィリップ・W・マグネスは前掲の『奴隷解放後の植民』で「リンカーンは外交上の承認をハイチとリベリアという黒人共和国にまで広げる道を拓いた。それは、とりわけ〈リンカーンの熱烈な支持者だった〉モンゴメリー・ブレアーが、植民を容易にする手段になるとして、強く推奨したものである」としている。

さらに、二〇一〇年一二月二日にニューヨークで開催されたアメリカ国立公文書記録管理局主催のパネル・ディスカッションでは、「リンカーンとハイチ——南北戦争期の植民とハイチ承認」をテーマに「植民と奴隷解放に対するリンカーンの関与とハイチへの植民構想が一八六二年の外交的承認の決定に与えた影響」について討論された。

筆者は「アメリカ合衆国によるハイチ承認には、国内における奴隷制廃止運動の高揚が不可欠だった」と繰り返し書いたことがある。大局的な流れとしては誤りでないとしても、余りにも粗雑であった。リンカーンによるハイチの承認は、反レイシズム・反黒人奴隷制・反植民地主義という性格を持つハイチ革命によって誕生した、黒人共和国に対する共鳴に根差したものでも、善隣的精神によるものでもなく、政治家リンカーンによる実利的な決断であった。

リンカーンの黒人植民事業から浮かび上がってくるのは、黒人に対する劣等視と「異人種間混交」への強烈な嫌悪感に発して、黒人は白人と共存できないという理由で、アフリカから強制的・暴力的に連行してきた黒人を、あたかも黒人の心情を斟酌《しんしゃく》した温情的・博愛的な帰郷の勧めであるかのようにして、アフリカへ送還する、あるいはそれが困難と判ると、至近の中米やハイチへ植民させて追放する、こうして「人種」問題を「解決」して、黒人のいない「白人共和国アメリカ」を希求する姿である。これは、普通「奴隷解放の父」「偉大なる奴隷解放者」と神格化されることの多いリンカーンの無視し得ぬ一面である。

チリキ植民にせよヴァシュ島植民にせよ、アンブローズ・トンプソンやバーナード・コックなどの実業家や金融ブローカーの提案に性急に乗る軽率さも指摘できよう。あるいは、それは黒人植民事業を喫緊の課題としていたことの証左と言うべきかもしれない。

チリキ植民が中米諸国の反対にあって断念せざるを得ず、その反省から、奴隷解放予備宣言では「あらかじめその土地の政府の合意を取り付けたうえで」と明記されたにもかかわらず、その反省が活かされず、ヴァシュ島植民ではハイチ政府の了承が得られていないことが後日に判明するといったことは、外交上の失態というよりは、むしろ、当該国・地域の意向を無視して事を進めようとする傲慢さを示している。入植の可否をイギリスやデンマーク、オランダなどヨーロッパの国々には事前に打診したのに対して、ラテンアメリカ・カリブの国と地域には打診せず、頭越しに実施しようとする姿勢に、「帝国」意識を看て取ることも可能であろう。

黒人植民は失敗に終わった。黒人の国外移住を断念せざるを得ないとすれば、「人種」問題の「解決」として考えられるのは次の二つである。一つは黒人と同居しつつも「人種混交」を防ぐために改めて分離の壁を築くこと。もう一つは黒人との共存の道、レイシズムを払拭して黒人の権利向上を図ることである。現代に至るまでのアメリカ合衆国史はこの二つの道のせめぎ合いの歴史だが、当面、奴隷解放後に取られたのは前者であった。

リンカーンによる黒人植民事業は、アメリカ合衆国史における「人種」問題の在り処を端的に露出させるものであり、その構想の失敗は「人種」問題のその後の歴史を方向づける転機となった。一方、リンカーンによるハイチ承認の考察から浮かび上がってくるのはなにか。ハイチ独立から一八六二年までのアメリカ合衆国の対ハイチ政策のスタンスは、「交易すれども承認せず」というものであった。一八六二年六月五日にハイチを独立国家として承認したのは、黒人植民を遂行するための外交的な布石であった。

アメリカ合衆国にとってハイチは、「人種」問題を「解決」するための捌け口であり、「使い勝手の良い道具」であった。ハイチはアメリカ合衆国の事情や思惑、戦略によって翻弄されることなったのである。

二　アメリカ合衆国によるハイチ占領

南北戦争後に急速な発展を遂げて「北の巨人」となったアメリカ合衆国は、一八九〇年の国勢調査報告書で「フロンティアの消滅」が宣言されると、一九世紀末から大々的に海外への膨張を展開した。一八九八年の米西戦争を機にハワイを併合し、スペインからフィリピン、プエルトリコ、グアムが割譲された。一八九九年には太平洋のサモア諸島をドイツと東西に分割して東サモアを併合し、ウェーク島など周辺海域の五十余りの小島嶼も占領した。一九〇一年、キューバに「プラット修正条項」を認めさせて事実上の保護国とし、一九〇三年にはパナマとの条約によりパナマ地峡を永久租借地とし、その後ドミニカ共和国の関税支配(一九〇五年)、ニカラグア占領(一九〇九―一九三三年)、ハイチ占領(一九一五―一九三四年)、ドミニカ共和国占領(一九一六―一九二四年)などへと続いた。

こうしてアメリカ合衆国は、大陸内国家から太平洋とカリブ海地域を勢力圏に組み入れた一大海上帝国へと転身したのである。

モンロー主義のコロラリー(系論)

一八二〇年代からアメリカ合衆国が外交政策の基調としていたのはモンロー主義である。それは、アメリカ合衆国とヨーロッパとの間に相互不干渉を表明することで、南北アメリカへのヨーロッパ勢力の介入を排除することを企図したものであった。だが時代の推移とともに拡張解釈され、アメリカ合衆国がラテンアメリカ・カリブ海地域に進出することを正当化するための論拠として援用されるようになった。

そのようなモンロー主義の援用の端的な表明が、一九〇四年一二月六日のセオドア・ローズヴェルト大統領第四回年次教書である。

アメリカ合衆国が望むのは、近隣諸国が安定し秩序を保って繁栄することである。しかし、社会秩序が全般的に弛緩し、犯罪や無力状態が慢性的に発生する場合には、西半球でモンロー主義を堅持するアメリカ合衆国が、国際警察力の行使を強いられることになろう。

「モンロー主義のローズヴェルト・コロラリー」と呼ばれる理念の根底にあるのは、「近隣諸国の安定と繁栄」はアメリカ合衆国の「国益」であり、そのためには軍事介入も辞さないという姿勢である(本章扉)。

ハイチでは、一九世紀中葉から二〇世紀初頭まで激しい権力闘争が繰り返された。一八四三年から一九一五年までの約七〇年間で、二二人の大統領が交代したが、そのうち任期を満了したのは一人だけ、一一人は在任期間が一年未満であった。任期途中で退任した二一人のうち四人は自然死だが、残りは暗殺、亡命などの意に反する退任だった。その間に数多くのクーデタや反乱、陰謀事件が起こっていた。一九一五年時点の債務総額は、年歳入額の約五倍にも相当する三二〇〇万ドルに達していた。

アメリカ合衆国は、こうした国状にあるハイチを「社会秩序が全般的に弛緩し、犯罪や無力状態が慢性的に発生」している国とみなして、介入したのである。

アメリカ合衆国がハイチに本格的な進出を開始したのは一八九一年一月のことである。それは軍事・戦略的な思惑からであった。この年、アメリカ合衆国大統領ベンジャミン・ハリソンは、ハイチ北西部の港モール・サン＝ニコラを、海軍基地とする目的で、フロルヴィル・イッポリト大統領に譲渡を打診した。モール・サン＝ニコラはアメリカの一大関心事だったパナマに至る主要航行路となるウィンドワード海峡を挟んで、キューバ東端から約九〇キロメートルの対岸に位置する要衝であり、自然の良港だったからである。

しかしハイチは譲渡に同意せず沙汰止みとなった。一九〇一年にアメリカ合衆国は「プラット修正条項」によってキューバ南東部のグアンタナモを海軍基地として租借した。グアンタナモはモール・サン＝ニコラの代替地となったのである。

ところで、モール・サン＝ニコラの譲渡を打診した当時のアメリカ合衆国の在ハイチ総領事は、フレデリック・ダグラス、奴隷から身を起こし奴隷制度に命がけで闘いを挑んだ傑出した奴隷解放論者と評される、あのダグラスであった(在任一八八九年六月—一八九一年七月)。ダグラスが在ハイチ総領事に登用された経緯は詳らかではないが、彼は総領事辞任後の一八九二年に出版した『自伝』のなかで、総領事に指名されたことを「生涯で最高の名誉」とする一方で、アメリカ合衆国の代弁者となってハイチの主権と国益を損ねるような役割を演じたために、ハイチ人から咎められたことを悔恨の念を込めて述懐している。

そして、一八九三年のシカゴ万国博覧会でハイチ政府任命の顧問となったダグラスは、ハイチ展示館オープンセレモニーでの講演で、こう述べた。

次のことを忘れてはなりません。あなたたちや私が享受している自由、イギリス領西インド諸島で八〇万人の有色人が享受している自由、世界中の有色人のものとなった自由、その自由は今から九〇年前にハイチの黒人たちが取った断固たる態度のおかげなのです。ハイチの黒人たちが自由を求めて闘ったのは、世界中のすべての黒人のためだったのです。

このように、ハイチ革命の偉業を称賛し、ハイチの主権と自決権を擁護したのだった。

しかしアメリカ合衆国は、一九一〇年の「マクドナルド協定」を端緒に、ハイチへの本格的進出を進めていった。この協定はハイチがアメリカ合衆国の実業家ジェームズ・P・マクドナルドに対して、①ポルトープランス=カパイシアン間などの鉄道敷設用地を譲渡し、②その間の全長二〇キロメートルに及ぶ鉄道沿線農地をバナナ・プランテーションとする利権を与え、③その見返りに五〇年間にわたって一カロ(約一・三ヘクタール)あたり年一ドルの地代を納付する、④ハイチは線路一キロメートルにつき三万三〇〇〇ドルを支払い、投資した資本の最低六%の利益を会社に保障する、という内容である。つまり、建設資金を投下し利益を保障するが、その運用については何らの統制も行わないというものであった。

結果的には鉄道は完成しなかったが、「マクドナルド協定」はアメリカ合衆国のハイチ進出の重要な足掛かりとなった。同じ一九一〇年には、一八八〇年に設立されていたハイチ国立銀行をハイチ共和国銀行に改組させ、ニューヨークのナショナル・シティ・バンクが四〇%を出資することで金融面での影響力も確保した。

アメリカ合衆国がハイチに介入する背景としては、一九世紀末からのドイツによるハイチ進出も重要であった。ドイツ人のコミュニティは二〇〇人程度の少数だったが、有力なムラートと婚姻関係を結ぶという巧妙な方法によって、外国人に禁止されていた不動産所有に参入し、対外貿易の八割を統括するとともに、ポルトープランスの路面電車や北部の鉄道開発にも関与していた。さらに債権確保のためにハイチ国立銀行を通じて関税の管轄権も狙っていたのである。カリブ海地域でのヘゲモニー、とりわけパナマ運河(一九〇四年着工、一九一四年開通)の安全確保を至上命題としていたトマス・ウッドロウ・ウィルソン大統領にとって、ドイツのハイチ進出は最大の憂慮であった。

かくしてハイチは、アメリカ合衆国とドイツの角逐の場となり、武力衝突こそ伴わなかったものの、第一次世界大戦期の隠れた「戦場」となったのである。

占領――「ミッショナリー外交」の内実

アメリカ合衆国によるハイチ占領の発端となった、一九一五年七月末から八月にかけての主な出来事は次のとおりである。

七月二七日　ロサルボ・ボボらの反政府勢力が首都に迫るなか、ヴィルブラン・ギヨーム・サム大統領が、投獄中の反政府派の政治囚一六七人の処刑を命じた。しかし反政府勢力が首都を掌握したため、サムはフランス大使館に、主たる処刑執行者オスカール・エティエンヌはドミニカ共和国大使館に逃げ込んだ。

七月二八日　激怒した群衆が両大使館に侵入して、エティエンヌを殺害、サムを八つ裂きにしたうえ、遺体を掲げてポルトープランス市内を行進した。アメリカ合衆国はウィリアム・B・ケイパートン提督に「財産保護と秩序維持」を命じ、かねてポルトープランス沖に停泊中の巡洋艦から海兵隊員三三〇人を上陸させた。

八月二日　新たに海兵隊員二〇〇〇人が上陸。戒厳令がしかれた。

八月一二日　ケイパートンが最初の弁務官に就任。ハイチ議会は、アメリカ合衆国の意向を容れて、上院議長でムラートのフィリップ・シュードレ・ダルティグナーヴを新大統領に指名した。

八月一六日　ケイパートンが国務省の指示により税関を統制下に置いた。後にすべての行政機関を掌握した。

このように、ハイチの騒乱を機にアメリカ合衆国がとった初動も、その後の対応も迅速かつ周到だった。虎視眈々と軍事介入の機会を窺っていたと言えよう。ハンス・シュミットによれば、海軍省はすでに前年の一一月に「ポルトープランスへの上陸と占領計画」を策定していたというし(『アメリカ合衆国によるハイチ占領』)、前述のように、かねてポルトープランス沖には海兵隊員を乗せた巡洋艦を停泊させていたのである。

次に占領下の施策から重要な点を取り上げよう。

最初は一九一五年九月一六日に締結された「アメリカ合衆国＝ハイチ条約」である。全一六カ条のうち主な条文は次のとおりである。

第一条　アメリカ合衆国政府は、適切な助言によって、ハイチ政府が農業・工業・商業の適切かつ効率的な発展と安定的で健全な財政の確立を図るのを援助する。

第二条　ハイチ大統領は、アメリカ合衆国大統領が指名する、税関局長ならびに財務大臣付顧問を任命する。

第五条　関税収入は税関の費用、ハイチ共和国の債務の返済および第一〇条に定める警察機構の維持に充て、残額はハイチ政府の喫緊の費用に充てる。

第八条　ハイチ共和国は、アメリカ合衆国大統領の事前の同意なしには、国家債務を増額できない。

第九条　ハイチ共和国は、アメリカ合衆国大統領の事前の同意なしには、関税を変更できない。

第一〇条　ハイチ政府は、治安の維持と人権の保護および本条約の遵守のために、都市と農村に効率的な警察機構を遅滞なく創設する義務を負う。警察機構は、アメリカ合衆国大統領による指名に基づき、ハイチ大統領が任命するアメリカ合衆国民によって編成され統率される。

第一六条　本条約の有効期間を一〇年とする。ただし、当事国の一方が条約の目的が達成されていないと認める場合には、さらに一〇年間延長できるものとする。

このように、「安定的で健全な財政の確立」や「治安の維持と人権の保護」などを名目として、ハイチを管理下に置くこととなった(図4-1)。国家主権は大幅に縮減され、ダルティグナーヴ大統領はコラボレイター(協力者)でさえない、たえずアメリカ合衆国の意向を窺い、これに臣従するクライエント（従者）となったのである。

　条約第一〇条が定める警察機構として、一九一六年に憲兵隊が創設された。憲兵隊は治安警察の任務だけでなく、行政執行を監督する役割をも担う、占領支配の中核として全国に配置された。隊員には約三〇〇〇人のハイチ人が徴用されたが、約八〇人の指揮官はすべてアメリカ合衆国の人間で、多くは南部出身の白人が起用された。黒人についての知識が豊富で接遇に長けているとされたためだが、同時に、彼らは黒人に対する強い差別意識の持ち主でもあり、ハイチ人を「ニガー nigger」や「グック gook」（「汚い奴ら」「亜呆者」という意味）と蔑称した。

図 4-1　ハイチ人のガイドでパトロールするアメリカ海兵隊

　占領下の施策として第二に重要なのは、一九一八年六月一二日に制定された新憲法である。現行の一八八九年憲法に替わる新憲法は、当時、海軍次官の役職にあったフランクリン・デラノ・ローズヴェルト（後の大統領。以下ではローズヴェルトと略す）が作成したもので、形ばかりの国民投票に付された。投票率は全人口約二〇〇万人の五％弱だったが、賛成九万八二五、反対七六八の結果から、「信認」を得たものとみなされた。

全一二八カ条からなる新憲法でもっとも重要なのは、「ハイチに在住するすべての外国人、ならびに居住や農業・商業・産業・教育上の必要から外国人が設立する団体に土地所有権を認める」(第五条)とされたことである。この規定は、一八〇五年五月二〇日のハイチ最初の憲法以来の国是として一貫して禁止されてきた、外国人の不動産所有を憲法上も解禁したことを意味する。独立直後のハイチが外国人の不動産所有を禁止したのは、フランスによって再征服されて奴隷制度が復活されるのを未然に防止するためだったが、その後も外国勢力の介入を排除する手立てとされていた。

しかるに、新憲法の規定を根拠にして「ハイチ＝アメリカ製糖会社」「ハイチ貿易会社」「ハイチ・パイナップル会社」「ハイチ＝アメリカ開発会社」など、アメリカ合衆国の資本による企業が二万八〇〇〇ヘクタールもの広大な土地を獲得することとなった。

新憲法の末尾に付された「特別条項」は、「占領期間中のアメリカ合衆国政府の一切の行為は批准され認証されるものとする」と規定して、アメリカ合衆国に超法規的な権限を付与した。新憲法に先立つ五カ月前の一九一八年一月八日、合衆国大統領ウィルソンは連邦議会で、第一次世界大戦終結後を見越して、「一四カ条の講和原則」を発表し「民族自決」を掲げたが、カリブ海地域への適用は想定外だったのである。

占領下の施策として第三に重要なのは、疑似奴隷制というべき強制労働徴用が行われたことである。ハイチでは一八六四年に道路建設のための強制労役(corvée)に農民を年三日間徴用することを定めた。二〇世紀初頭には廃止されていたこの一八六四年法を、アメリカ合衆国は復活させて濫用したのである。憲兵隊はハイチ人をロープでつないで歩かせ、数週間あるいは数カ月も働かせた。その結果、道路建設費用は一マイル(約一・六キロメートル)当たり五万一〇〇〇ドルから二〇五ドルに節減された。一九一八年一〇月に強制労働徴用は廃止されたが、非合法には翌年まで続いたという。

第四に言及すべきは、農民を主体とする抵抗運動を圧殺したことである。一九一五年七月末から八月の海兵隊の侵攻は「無血入城」だったが、同年九月からは強制労働徴用に反撥した農民が、「カコ」と呼ばれる武装集団を中核に抵抗を始めた(「カコ caco」とは、葉の陰から敵を奇襲する習性を持つ鳥キヌバネドリ(trogon)のことを言うハイチ・クレオール語の俗称である)。

シャルルマーニュ・ペラルトとブノワ・バットラヴィルらの指揮下に、一万五〇〇〇人が加わった「カコ」は、激しいゲリラ戦を展開して「占領者ヤンキー」に立ち向かった。

フランスの政治家で作家、美術史家でもあるアンドレ・マルローはハイチを「最高の絵描き民族」と絶賛したが、ハイチ・アートの「巨匠」とされるフィロメ・オバンの『一九一五年九月五日、「カコ」とアメリカ海兵隊との戦闘』(一九五四年、図4-2)は、この時の様子を描いたものである。

これに対してアメリカ合衆国は、戦闘援護のために初めて飛行機を使うなどして、徹底的な鎮圧を図った。後年になって、その激しさの故に「ブラック・ヴェトナム」と形容された「カコ戦争」において、海兵隊にも一三人の死者が出たが、「カコ」に加わった農民は最後のリーダーが殺されて、抵抗運動が収束する一九二〇年五月までに数千人が身柄拘束され、三〇七一

図 4-2　フィロメ・オバン作『1915 年 9 月 5 日,「カコ」とアメリカ海兵隊との戦闘』(1954 年)

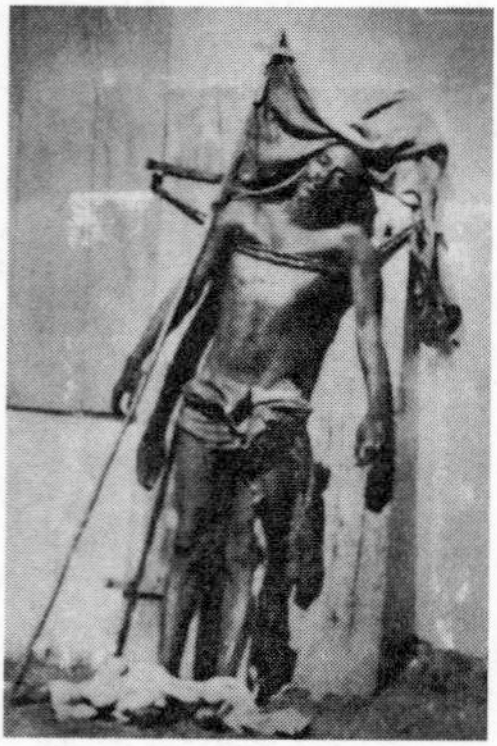
図 4-3　アメリカ合衆国軍が撮影したペラルト処刑の写真

人が犠牲となった。

その間、海兵隊は一九一九年一〇月にペラルトを待ち伏せで逮捕して処刑し、遺体を戸板に貼り付けて晒したうえ、その写真(図4-3)を見せしめとする目的で飛行機から散布した。だが皮肉にも、アメリカ合衆国の意図に反して、キリストの磔刑を彷彿とさせる姿のペラルトは、「抵抗の英雄・殉教者」として今日まで語り継がれることとなる。

こうして抵抗運動は圧殺された。また占領期間中には、総人口の一五%にも相当する約三〇万人が、「難民」となって隣国のドミニカ共和国やキューバなどへと出国した。

ウィルソンの外交政策は、アメリカ合衆国の自由主義と民主主義の理想を世界に広めることを使命とする「ミッショナリー(伝道者)外交」と特徴づけられてきた。しかし、ハイチ占領下の施策の実際を踏まえるならば、その内実は、圧倒的に優勢な軍事力を背景に、かつその行使を伴った強圧的な「父権主義」とすることができるであろう。

占領の解除——「善隣外交」の内実

アメリカ合衆国が、海兵隊の最後の部隊を撤退させて、占領を解除したのは一九三四年八月一四日のことである。「アメリカ合衆国＝ハイチ条約」は条約の有効期間を一〇年とし、さらに一〇年間延長できると規定していた。したがって満期は一九三五年九月となり、わずか一年だが占領解除が早まったことになる。この点で重要なのが一九二九年に起きた出来事である。一九二九年一〇月末、占領下に開設されたダミアン中央農科大学の学生が、奨学金の切り下げに抗議してストライキを起こした。これには他の大学の学生も同調して全国に飛び火した。学生ストは五週間続いたが、矛先は次第にアメリカ合衆国にも向けられるようになった。

一方、一二月四日にポルトープランスの税関労働者が待遇改善を要求してゼネストに突入、これに呼応して税関前に集まった群衆が憲兵隊と衝突し、支援出動した海兵隊に投石を繰り返した。翌五日には「騒乱」は全国に拡大する。北部のカパイシアンでは、一〇〇〇人のデモ隊に憲兵隊が対応できず海兵隊が出動した。また南部のジャクメル、プチ・ゴアーヴ、レオガンヌ、レカイなどでは、生活苦を訴える農民が大規模な抗議行動を起こした。ジョン・H・ラッセル高等弁務官は、過激な不満分子が暴動を煽動しているとして、海兵隊を各地に出動させた。

そんななかで残虐な事件が起こった。一二月六日、レカイ近郊のマルシャテルで、前日に逮捕された農民の釈放を求める一五〇〇人の農民と海兵隊員二〇人が対峙した。このとき、石や鉈や棍棒を持っているだけの農民に向かって、海兵隊員がライフル銃や自動小銃を乱射した。そのため、農民に二四人の死者と五一人の負傷者が出たのである。

このレカイ虐殺事件には、ハイチ国民が激怒しただけでなく、アメリカ合衆国内や世界各国からも非難が噴出した。アメリカ合衆国では占領に対する潜在的な反対論がにわかに再燃し、なかには自由主義や民主主義を偽善的に喧伝しながら、無抵抗の者を銃殺するがごときは、かつてイギリスがインドで、日本が朝鮮で為したのと同じ蛮行であるとする論調もあった。

フランスではアメリカ合衆国のレイシズムに対する批判のほか、国際連盟への提訴を唱える主張も現れた。イギリスの『マンチェスター・ガーディアン』紙は一二月九日付で、「ハイチの全国民がアメリカ合衆国の支配に反対して立ち上がったが、こうしたことは黒人共和国の実情に精通している者には何ら驚くにあたらない。占領に対する敵意は燻り続けていたから、炎が燃え上がるには些細なきっかけがあるだけで十分だったのだ」との特派員報告を載せた。

国内外からの非難に直面したハーバート・C・フーヴァー大統領は、翌一九三〇年二月に前フィリピン弁務官のW・キャメロン・フォーブズを長とする調査団をハイチへ派遣した。調査団は、占領下でのハイチ経済の改善を指摘する一方で、政府機関や警察機構からハイチ人が排除されている現状を批判し、占領前のハイチに混乱をもたらしていた貧困や無知、政府機能の欠如は少しも改善されていない、との報告書をまとめた。これを受けてフーヴァーは、ラッセル高等弁務官の更迭とハイチからの撤退を決意した。

同年一一月一八日、ボルノ大統領退任後の新大統領に、アメリカ合衆国軍の撤退を要求してきた経歴を持つステニオ・ジョセフ・ヴァンサンが就任した。その後、一九三三年八月七日にアメリカ合衆国は一年後の撤退を約束し、翌一九三四年七月五日には現役大統領として初めてハイチを訪問したローズヴェルトが、八月一四日をもって海兵隊を撤退させると表明した。以上が占領解除の経緯である。占領に反対するハイチの国民的運動とともに、虐殺事件に対する国際的非難の高揚が占領解除を前倒しさせたのである。

占領解除から一週間後の八月二一日、ハイチでは祝賀行事が催された。そのときの標語は「第二の独立」であった。

ローズヴェルトは一九三六年八月一四日の演説で、ハイチからの海兵隊撤退は、同じ一九三四年にキューバとの「プラット修正条項」を破棄したのと同様に、「我が国政府の側に〔ラテンアメリカ諸国の〕国民的誇りや主権を軽視することがあった」ことの反省によるものだとし、「我が国は他のいかなる国も支配することを求めない。我が国は帝国主義に反対する。我が国は世界の軍備縮小を願っている」と述べた。いわゆる「善隣外交」の表明である。

だが、ローズヴェルトの「善隣外交」は、ハイチとカリブ海地域からの全面撤退を意味しない。占領支配の中核である憲兵隊はアメリカ合衆国人が退いて「ハイチ化」された。しかしながらハイチ共和国銀行のほか多くの行政機関は一九四〇年代半ばまでアメリカ合衆国の統制下に残され、一九三五年の通商協定ではアメリカ合衆国の利益が最大限に尊重された。キューバでは「プラット修正条項」は破棄されたものの、海軍基地設置条項が残ったためにグアンタナモを確保して現在に至るのである。

ここで、従来の研究が占領をどのように「評価」してきたかを見よう。もとより論者によって細部は異なるが、最大公約数的な理解を書いているのはフランソワ・ブランパンである。彼は次のように説明する。

紛争の終息による治安の回復や公的資金の管理の公平・効率化がなされ、とりわけボルノ政権下（一九二二―一九三〇年）には財政再建と国家機能の強化が見られた。また副次的だが、一七〇〇キロメートルの道路整備、ダミアン中央農科大学の開設、病院や農村巡回診療車などによる公衆衛生の改善、公共施設の建造などのインフラ整備もなされた。反面、アメリカ合衆国への依存が強まったために国の自立性が弱まった。また道路も橋も病院も農村巡回診療車も公共建築物も間もなく消失し、工業は天然資源と技術者の欠如の故に相変わらず脆弱なままで、農業も日常食糧を生産するにとどまった。総じて、占領の効果は過大に評価できず、ハイチの土壌に西洋を接ぎ穂しようとした「西洋型資本主義システムによる近代化の試み」と「国民国家の育成」は失敗に終わった（『ハイチとアメリカ合衆国』）。

代表的なハイチ現代史家である先述のハンス・シュミットやマッツ・ルンダールも、占領がハイチにもたらした「効果」を否定的に見る点で一致している。

だが筆者は、視点をアメリカ合衆国のハイチ政策の成否という点に移すならば、否定的に見ることはできないと考える。ハイチからドイツの影響力を排除して「裏庭」化する戦略目標は占領によって達成されたし、将来にわたる地歩も確保できたからである。

以上がアメリカ合衆国によるハイチ占領の開始から終結に至る概要である。そこには第一次世界大戦の戦局の展開との直接的で緊密な連関を見出すことはできない。ハイチ占領は、第一次世界大戦勃発(一九一四年七月二八日)からアメリカ合衆国の中立宣言(一九一四年八月四日)を経て参戦を決定する(一九一七年四月六日)までの間に起こったものである。そして、占領は休戦協定(一九一八年一一月一一日)を経てヴェルサイユ条約調印(一九一九年六月二八日)後も続くのである。

その間にアメリカ合衆国は、第一次世界大戦の主戦場となったヨーロッパという表舞台に向けては、「自由」「民主主義」「民族自決」の担い手であるとの自画像を喧伝し、他方、裏舞台であるカリブ海地域では、圧倒的な軍事力を背景に強権的に介入する、そのようなダブルスタンダードによってカリブ海地域の「裏庭」化を果たしたのである。

占領の所産

アメリカ合衆国による占領は、ハイチにどのような影響をもたらしたのだろうか。何点か指摘したい。

第一は、シドニー・W・ミンツが語っているように、「アメリカ合衆国による占領はハイチ人を未開で「野蛮」な、病んだ小農民として外国に伝える傾向を拡大し、でたらめなハイチ人像がハリウッド映画や大衆的なメディアで広まっていく」ことである（『聞書 アフリカン・アメリカン文化の誕生』）。代表的には、『ホワイト・ゾンビ』（一九三二年）、『ゾンビの反乱』（一九三六年）、『死霊が漂う孤島』（一九四一年）などのホラー映画、ジョン・ヒューストン・クレージ『ブラック・バグダッド』（一九三三年）、ファースティン・ワーカス『人食い従兄弟』（一九三四年）など海兵隊員やジャーナリストが書いた小説類によって、「暗黒呪教ヴードゥー」や「おぞましいゾンビ」に取り憑かれ「無知と貧困」がはびこる「非文明国ハイチ」といった言説が流布されたのである。そのようなハイチ（人）観がステレオタイプとなり、アメリカ合衆国在住のハイチ系住民の苦難の要因となった。

第二は、ハイチにおけるナショナリズム、アイデンティティを覚醒させる契機ともなったことである。すなわち、ジャン・プリス＝マルス、ジャック・ルマン、ジャック＝ステファン・アレクシなどに代表される作家や思想家による、アフリカ的農村文化とヴードゥーを再評価する「農民小説」をとおしての「原住民主義 indigénisme」や「ネグリチュード négritude」につながる潮流である。しかし、その思想潮流は次に述べるフランソワ・デュヴァリエによって換骨奪胎され、少なからぬ知識人はアメリカ合衆国やカナダ、フランスなどへの移住や亡命を余儀なくされることとなった。

第三は、占領期のムラート層優遇政策がもたらした影響である。ラエネック・ユルボンは、「一九一五年のアメリカ合衆国による占領のときからハイチにとって国民国家の危機の時代が始まった。占領のもっとも危険な産物がデュヴァリエの独裁政治であった」と書いている(『ハイチを理解する』)。どういうことか?

時代は下るが、第二次世界大戦後の一九五七年に大統領に就任したフランソワ・デュヴァリエは、「黒人の意識と地位向上」を目指すとして「黒人主義 noirisme」のスローガンを掲げた。それは占領期の優遇政策によって台頭したムラート層によるエリート支配を打破して、人口の九割以上を占め、社会の中下層を形成する黒人の支持を取り付けることを狙いとしていた。「黒人主義」は、「黒人であること」や「アフリカ」にまつわる負の過去を払拭して黒人の文化や伝統を再発見し、その独自性と価値を積極的に評価しようとした、エメ・セゼールやレオポルド・セダール・サンゴールらを中心とする若き黒人詩人たちが、一九三〇年代に起こした文学運動の思想的基盤の表現である「ネグリチュード」と識別し難い面を持っていた。

だが、デュヴァリエの「黒人主義」はデマゴギーだった。彼の黒人観は、「人種」差別理論の完成形とされるゴビノーの『人種不平等論』(一八五三—一八五五年)で書かれる「人種」決定論を倒錯的に利用し、これに彼が信奉したヒトラーとナチスの統治理論である「指導者原理」を付加したものであった。デュヴァリエによれば、黒人はいまだ自立した市民とはなり得ず、優れた指導者によって導かれるべき存在でしかない。彼はけっして「人種」差別の解消を目指したのではなく、実際、多くの黒人は政治的にも経済的にも排除され冷遇され続けたのである。

デュヴァリエは大統領直属の秘密警察で準軍隊組織である「国家安全志願隊」（通称「トントン・マクート」）を使って、恐怖の独裁政治を行った。「トントン・マクート」とは、もともとはハイチの子どもたちの間で語り伝えられるフォークロアに登場する人物を指すクレオール語で、夜中に出没して、「行儀の悪い子」を捕まえては「藁の袋 macoute」に入れて連れ去り食べてしまう「鬼 tonton」のことをいうのだが、現実の「トントン・マクート」は、そんな微笑ましいものではなかった。国民を監視するために軍や産業界、労働組合、新聞などの要職にまで送り込まれた「トントン・マクート」は、「怪しい者」を徹底的に摘発して闇から闇へと葬ったのである。

フランソワ・デュヴァリエ独裁政治の期間（一九五七―一九七一年）に、四万人とも五万人ともいわれる犠牲者が出たのに加えて、ハイチを脱出する人々が大量に発生した。移住者のなかには医師、教師、技師などの熟練労働者や知識人が数多く含まれた。貴重な頭脳と技術が流出したのである。

そして、このデュヴァリエ独裁政治の最大の理解者となったのがアメリカ合衆国だった。キューバ革命成功（一九五九年）後のカリブ海地域のなかでハイチを「反共の砦」と見立てたからである。

アレックス・デュピュイは、ムラート層と黒人との間の反目に起因する国民的統合の欠如とアメリカ合衆国への従属・依存との相関関係を、大略、次のように指摘している(『世界経済のなかのハイチ』)。

ハイチ社会の根底には「人種」的関係がある。肌の色の濃淡の違い、つまり黒人かムラートかの違いが階級関係や政治的な関係を規定している。「人種」的関係をベースとする階級間の衝突が政治的関係や支配の構造を生み出し、また逆に政治的関係や支配の構造が社会的・経済的関係を再生産してきた。国家の要職に就くことが社会的上昇のための重要な手段であり、その結果、国家権力を握ろうとする衝突が繰り返されてきた。しかも、国家権力を掌握した者はしばしば外国資本と同盟し、これに譲歩してきたために、調和の取れた産業の発展が妨げられる。そして、産業の停滞は世界経済の中枢諸国とくにアメリカ合衆国への従属と依存を増幅してきた。

第三章で述べたように、植民地時代に生まれた黒人とムラートの反目は、ハイチ革命の過程で解消されたかに見えたが、独立後に再燃した。そして、さらに現代まで残ったのである。

繰り返される軍事占領

ハイチ占領から一〇〇周年にあたる二〇一五年には、占領開始の七月二八日を中心に数多くの回顧報道が現れた。『ワシントン・ポスト』紙など多くのメディアが特集し、『ハイチ研究誌』はパトリック・ベルギャルド＝スミス、アレックス・デュピュイ、メアリ・レンダらハイチ現代史研究を代表する六名による討論「ハイチと一九一五年のアメリカ合衆国による占領、前兆と所産」と論文一四篇を収録した。ブランドン・R・バードが主宰する『ハイチ、過去と現在』は論説やインタヴュー記事を連載した。七月二八日、ニューヨークでアメリカ合衆国在住のハイチ人による「アメリカ合衆国による軍事占領から一〇〇年を記憶する愛国的主唱」が開催され、ハイチでもポルトープランスでシンポジウムが開催された。その他、ウェブサイトでは十指に余る論説を読むことができる。

それぞれの論調には差異があるものの、占領がハイチに否定的な影響を与えたことを指摘する点では共通する。例えば、アメリカ合衆国在住のハイチ系黒人女性作家で、我が国でも数多くの作品の翻訳で知られるエドウィージ・ダンティカが、七月二八日付の『ザ・ニューヨーカー』誌に寄せた論説「ハイチ占領の長びく遺産」。これは一九二九年一二月六日に虐殺事件が起こった現地レカイに赴いて発信したものだが、一九二九年の駐留アメリカ合衆国軍の写真を載せ、「アメリカ合衆国による占領から一〇〇年、いまだに占領は解除されていない」とのキャプションを書いている。

「いまだに占領は解除されていない」とするのは、一九一五年から一九三四年までの軍事占領以後も第二次、第三次と軍事占領が繰り返されたからである。

フランソワと息子のジャン＝クロードの父子二代にわたるデュヴァリエ独裁体制の終焉後、一九九〇年一二月にハイチの歴史上最初の民主的な大統領選挙が実施され、「改革と民主主義のための国民戦線」が推すジャン＝ベルトラン・アリスティド神父が当選し、翌一九九一年二月七日に就任した。カトリックの改革運動である「解放の神学」を奉じて、生活水準の向上、政治参加、民衆文化の復権を目指したアリスティドの政策に注目と期待が集まった。だが、それも束の間、同年九月三〇日の軍事クーデタでアリスティドはアメリカ合衆国に逃れなければならなくなった。クーデタによって政権に就いたラウル・セドラ軍司令官に対する国際的批判が高まるなか、一九九四年にアメリカ合衆国は国連安保理事会を動かして全面禁輸などの経済制裁とアメリカ合衆国軍を主力とする多国籍軍の創設を決議させて侵攻した。それは第二次軍事占領と言うべきものであった。同年一〇月にアリスティドが帰国して約一年の残任期間、政権に復帰した。翌一九九五年一二月の大統領選挙では、アリスティドの支持母体である政党連合「ラヴァラ家族」(「ラヴァラ」はクレオール語で「汚物や不正を洗い流し浄化する激流」の意味)が擁立したルネ・ガルシア・プレヴァルが当選したのに続き、二〇〇一年にはアリスティドが二期目の政権に就いて安定に向かうかに見えた。

だが、二〇〇四年には反政府武装勢力が主要都市を占拠して首都への侵攻の構えを見せる緊迫した状況のなか、二月二九日にアリスティドは大統領を辞任して出国した。この政変について当初はアリスティドが流血を回避するために自発的に身を引いたとの報道が大勢を占めたが、今では「アメリカ合衆国とフランスが仕組んだクーデタ」と見るのが支配的である。以来ハイチは二〇〇四年四月三〇日の国連安保理決議に基づく「国連ハイチ安定化ミッション」の管理下に入った。二〇〇四年、奇しくもハイチ独立二〇〇周年という記念すべき年の出来事である。

さらに、二〇一〇年一月一二日にポルトープランス周辺を襲った大地震の時には、アメリカ合衆国による第三次軍事占領と言うべき状況が生まれた。オーストラリア出身のジャーナリスト、ジョン・ピルジャーは一月二八日の論説「ハイチの誘拐」で次のように書いている。

アメリカ合衆国は素早くかつ露骨にハイチを略奪した。アメリカ合衆国はハイチのすべての空港、港湾を占有し、道路を「確保する」ための「正式認可」を国連から取り付けた。この合意文書にハイチ側の署名はない。大国アメリカ合衆国は海上封鎖をしき、一万三〇〇〇人にのぼる海兵隊や特殊部隊、秘密捜査官、傭兵を送り込み、力による支配を確立した。この一万三〇〇〇人のうち人道支援の訓練を受けた者は一人もいない。

第三章で触れたクリストフ・ヴァルニーの二〇一〇年二月の論説「ハイチ地震——悲惨の地層」ではこう書かれている。

一世紀にわたって干渉を重ねた軍事介入はなんの解決にもならなかった。オバマ大統領の介入は人道支援が主だと信じたい。だがアメリカ合衆国のカリブ海政策を貫いている要因を想起せずにはいられない。南北アメリカをアメリカ合衆国のためにというモンロー主義が、「西半球」の他のどこよりも熱心に実践されてきたのがカリブ海地域なのである。

今日のハイチを特徴づける対米従属と依存の構造は、一九一五年から一九三四年まで続いた軍事占領を起点とし、一世紀の長きにわたる期間をとおして形成されたものだが、それがさらに遠くフランスによる植民地支配に由来する「人種」的関係という負の遺産とも連動しているだけに、その根は深い。

言い換えれば、アメリカ合衆国による占領は、ハイチの政治的混乱や国家債務の累積と経済の疲弊という、フランスの植民地支配に起因する負の遺産が誘因になっており、フランスによる植民地支配との連続性を見て取ることができる。独立後もなお脱植民地化の途上にあったハイチに課せられた苦難は、軍事占領によって解消されることはなく、再びハイチを「辺境」に押し込めることにつながったのである。

ハイチではアメリカ合衆国による占領の責任を問う声は聞かれない。それは次章で見るようなフランスに対するのとは違っている。なぜ責任を問わないのだろうか。ハイチとアメリカ合衆国との関係はきわめて微妙な問題であり、アメリカ合衆国が借款や経済協力実績の圧倒的シェアーを占めていることに配慮した「生存戦略」なのかもしれない。あるいは、ハイチに完全な脱植民地化があり得るのか、その有効な方法は何かをハイチ人自身が見出し得ていない故の甘受、と言うべきかもしれない。

第5章

ハイチ革命からみる世界史

――疫病史から植民地責任まで――

アンヌ＝ルイ・ジロデ＝トリオゾン作『ジャン＝バチスト・ベレイの肖像』(1797年).
本章200-204，206頁参照

本書の主題は、「実際にはなかったこと」とされたハイチ革命に照明を当てることによって、新たな世界史像を探ることにある。前四章では、「世界初の黒人共和国」誕生の過程に加えて、独立後にハイチが辿った歴史を、国内の動向や周辺世界との関係などから考察して、「西半球の最貧国」となる要因を探ってきた。

この章では、ハイチ革命から眺めたとき、世界史への「書き加え」あるいは「書き直し」がどうなされるべきか、いくつかの論点を取り上げて、本書の締めくくりとしたい。

「ナポレオンは黒人将軍と黄熱病将軍に敗れた」

ナポレオンによるハイチ革命への介入については第二章で見た。彼のサン＝ドマング派遣軍に同行したパンフィル・ドゥ・ラクロワによれば、ルクレール将軍指揮下の一八〇二年二月から一一月までの約九カ月間で、フランスの軍人と民間人の犠牲者は六万人を超えたという。一日平均二二〇人強である。戦死、病死、溺死、疲労など死因は様々だが、戦死をはるかに上回ったのが病死である(『サン＝ドマング革命史のためのメモワール』)。

病死の多くは黄熱病だった。黄熱病は高熱、黄疸、顔面出血、吐血を伴って死に至るウイルス性肝炎である。ウイルスを媒介するのは主としてアエデス・アエギプティ(和名ネッタイシマカ)と呼ばれる蚊。黄熱病はアフリカ起源で南北アメリカでは未知の病気だった。大西洋を横断してウイルスを持ち込んだのは蚊。蚊を運んだのは奴隷貿易船。荷物やアフリカ人の身体に付いて便乗したのである。人間の血とともに糖分を好む蚊にとって、砂糖プランテーションは格好の繁殖場だった。「カリブ海の真珠」は「開発原病」の温床でもあったのである(見市雅俊「開発原病の世界史」)。

黄熱病に対してアフリカ人の多くは免疫を持っていたが、「新世界」のインディオやヨーロッパの人間には抵抗力がなく、感染原因や治療法に関する疫学的知識も欠いていた。「新型コロナウイルス」が蔓延し始めた頃の我々と同じである。

ルクレール将軍は本国に宛てた一八〇二年九月一九日付の書簡で、「流行病がふたたび猛威を振るいだし、毎日一〇〇人から一二〇人が犠牲になっています」と書いている。死者がおびただしい数に上ったため、一人一人のために墓穴を掘る余裕はなく、まとめて大きな穴に埋められた。その作業は真夜中に行われた。死者の数が敵に知られないようにするためである。

同じ書簡では、絶望的な戦況のなか戦意を喪失した痛々しい心情が吐露されている。

私は真実を申し上げております。グァドループで奴隷制が復活されたというニュースにより、黒人たちに対する私の影響力はすっかり無くなってしまいました。私はこの国を離れることを真剣に考えています。これ以上ここに留まりたくありません。この不幸な土地に赴任して以来、心の休まるときはありませんでした。

ルクレール将軍はこの書簡の約四〇日後の一一月二日に死去した。死因はやはり黄熱病であった。

第二章で示した一八〇三年三月一二日国務院でのナポレオンの演説から再度引用しよう。

文明というものを持たず、植民地とは何なのか、フランスとは何なのかさえも知らぬアフリカ黒人に、どうして自由を与えることができようか。

皮肉と言うべきか、因果応報と言うべきか。ナポレオンは、あからさまな蔑《さげす》みの目を向けたアフリカにルーツを持つ人々と、同じくアフリカ由来の疫病とに敗れたのである。

ハイチで「黒人将軍と黄熱病将軍に敗れた」ナポレオンは、約八年後の一八一二年六月にフランス帝国の大陸軍をモスクワに向けて派兵した。ロシア戦役である。だが、これも無残な退却を余儀なくされた。今度は「冬将軍と発疹チフス将軍に敗れた」のである。

疫病は世界史の流れを左右してきた。代表的な例の一つはペスト。一三四八―一三四九年に蔓延し全世界で七〇〇〇万人、ヨーロッパだけでも全人口の四割強に当たる約三〇〇〇万人の死者を出したとされるが、その後も伏流化し、一七世紀中葉には感染爆発が起こって一八世紀初めまで続いた。ペストによる大量死は、寒冷化と飢饉、不安や狂気、戦乱とも悪循環をなして、「一七世紀の全般的危機」と呼ばれる現象を生んだ。

もう一つの例は、「コロンブスの交換」によって南北アメリカに持ち込まれた天然痘や麻疹、百日咳、黄熱病などである。「コロンブスの交換 Columbian Exchange」とは、歴史家アルフレッド・クロスビーの言葉で、クリストファー・コロンブスの「新世界」への到達に因んで用いられる。一四九二年から始まった「旧世界」と「新世界」との間の人間、動・植物、鉄器や銃、疫病、思想や文化などの交換を表現したものである。疫病は過酷な労働や殺戮などとともに先住民人口の激減の一因となったが、先住民のキリスト教化が進む一面もあったとされる。

疫病が原因で戦争が起こったり拡大したりすることがあるが、戦争終結を早めることもある。ハイチやロシアでのナポレオンの敗北はその好例であり、疫病はナポレオン帝国の西方拡大と東方進出を頓挫させる一因となったのである。

「主人と奴隷の弁証法」――ハイチ像の揺らぎ

ゲオルク・ヴィルヘルム・フリードリヒ・ヘーゲル（一七七〇―一八三一年）。言わずと知れたドイツ観念論を代表する哲学者である。彼の歴史哲学では、アフリカは歴史として取り上げるに足りない世界であり、アフリカ人は「自然のままの、まったく野蛮で奔放な人間である」ゆえに「無価値」とされる。そのため、ヘーゲルは人種差別主義者、黒人奴隷制の擁護論者とみなされてきた。

近年、こうしたヘーゲル評を修正する動向が見られる。一人はアメリカ合衆国の政治哲学者スーザン・バック＝モースの『ヘーゲルとハイチ、ユニヴァーサル・ヒストリー』(二〇〇八年。邦訳『ヘーゲルとハイチ――普遍史の可能性に向けて』)である。彼女が着目するのは、ヘーゲルの代表作の一つ『精神現象学』(一八〇七年)で書かれた「支配と隷属の弁証法」(あるいは「主人と奴隷の弁証法」「主奴の弁証法」)と呼ばれる論説である。要旨は次のようである。

奴隷主は支配者の地位を確保することで、生命と自由、自立を獲得できているように見えるが、実は奴隷主は奴隷のおかげで生命を維持できているにすぎず、自由と自立も奴隷を抑圧するという不自由な関係によって成り立つものでしかない。しかるに、生命と自由、自立に至る真の可能性は、生命の保証もなく自由も自立も奪われているかに見える奴隷の方にこそある。

バック＝モースは、「支配と隷属との関係についてのヘーゲルのアイディアはいったいどこから来たのか」と問う。

ヘーゲルはハイチのセンセーショナルな出来事を『精神現象学』の議論における要として用いたのである。カリブ海の奴隷たちの主人に対する革命が実際に起こり、成功したということは、自由の普遍的実現という物語として可視的になる瞬間である。

たしかに、レイシズムと剝き出しの暴力によって人間を管理し抑圧する最悪のシステムである奴隷制度のもとで支配され虐待されてきた黒人奴隷によって、先駆的な奴隷解放と独立を成就したハイチ革命は、「主人と奴隷の弁証法」を具現した好個な実例である。

ヘーゲルはどのようにしてハイチ革命について知ったのか。バック＝モースは『ミネルヴァ』誌だったとする。ハイチ独立宣言の年にあたる一八〇四年の『ミネルヴァ』誌には「今や世界の眼はサン＝ドマングに注がれている」との文章で始まる記事が掲載されており、そのことから「ハイチ革命はフランス啓蒙の理念にとって試金石であり、火による証明であった。そしてブルジョワ読書界に属するヨーロッパ人はみな、そのことを知っていた」とするのである。

第三章で紹介した、ドイツにおけるハイチ革命報道のあり方を追跡したカリン・シューラーによれば、一八〇五年の『ミネルヴァ』誌の記事「トゥサン・ルヴェルチュール、後世のための史的叙述」では、「これまで極悪非道とみなされてきた黒人たちは、今やまったく新しい相貌を現し、彼らの指導者であるトゥサンは称賛に値する、偉大な、その死を悼むべき人物である」と書かれ、その見方は博物学者アレクサンダー・フォン・フンボルトによっても支持された。こうして、ハイチ革命に触発された「主人と奴隷の弁証法」は、ヘーゲルの歴史認識と哲学に一大転換をもたらしたのである。

バック＝モースは「ヘーゲルとハイチ」という主題の重要性を次のように指摘している。

ヘーゲルとハイチについての沈黙に終止符を打つことが、なぜ重要なのか。（中略）その理由の一つは、普遍的な人類の歴史という理念を白人支配がそれに与えてきた用法から救い出す可能性があるということである。自由をめぐる歴史的事実が、勝者によって語られたナラティヴから切り離されて、私たちの時代にすくい上げられることができるとすれば、普遍的自由というプロジェクトは放棄される必要がなくなり、むしろ異なった基準にもとづいて改善し、再構築していかなければならないということになる。

ヘーゲル評の修正は、既にセネガル生まれのピエール・フランクリン・タヴァレスの論文「若きヘーゲル――レナール神父の読者」(一九九六年)に見られた。それによれば、青年時代のヘーゲルはフランスの啓蒙思想家たちと交流があり、とりわけ、黒人奴隷制は黒人奴隷が輩出した「不死身の人間」による「新世界の復讐」によって消滅すると想定したルイ＝セバスティアン・メルシエの『二四四〇年――鉄人が語る稀代の夢』(一七七一年)や、黒人奴隷制を批判するだけでなく、その廃止を展望して黒人奴隷制の廃止のため「けっしてクラッススにまみえることのない新しいスパルタクス」(後述)の出現を待望し予見したレナールの『両インド史』を読んでいた。ヘーゲルは一貫して「ユマニテの友」であり、奴隷制廃止論者《アボリショニスト》だった、としていたのである。

「主人と奴隷の弁証法」の論説が書かれた『精神現象学』は一八〇七年、ハイチ独立宣言を経た共和制の時代に著されたものである。ところが、一八二二―一八二三年の「歴史哲学講義」では人種差別的発言が現れる。植村邦彦による引用（『隠された奴隷制』）を借りれば、「黒人は、なにかに関心をいだくことも利害に動かされることもない、素朴な幼少人種です。（中略）長い精神的隷従ののちにキリスト教によって自由を獲得できたのを、感激をもって語るだけでなく、ハイチでは、キリスト教の原理にもとづく国家を建設してもいます。しかし、かれらが文化への内的衝動を示すことはない。かれらの居住地を支配するのは、身の毛もよだつ専制政治であり、人びとは人格というものを感じることがありません。精神は内にこもってまどろみ、進歩することがない。凝縮された区別なきかたまりとしてあるアフリカ大陸に相応しい精神といえます」。

再びカリン・シューラーによれば、一九世紀後半になるとドイツ人のハイチ・イメージは更なる転換を見せる。ハイチに対する称賛は消え失せて、あからさまなレイシズムが現れる。それは、同時期に出たゴビノーの『人種不平等論』と酷似し、その言説は、社会ダーウィニズムの流布とも重なって、二〇世紀初頭にはナチズムの根幹となる「指導者原理」へと結びついてゆくという。

レイシズムの思想と実態を大航海時代から二〇二〇年代までの五〇〇年以上にわたって世界史的視野で通観した平野千果子の『人種主義の歴史』（二〇二二年）によれば、レイシズムは一九世紀後半になって世界的な高まりを見せるという。ヘーゲルに見られるハイチ像の揺らぎは、そうした動向を先取りしている。

平野はまた、アメリカ合衆国で奴隷制廃止が実現する南北戦争の時代には、人種多元論、つまり人種の起源は単一ではなくて複数であるとする理論が、奴隷制の存続を主張する陣営で強化されていったとしている。第四章で触れたように、リンカーンは一八六二年八月一四日に自由黒人と会談した際に、「黒人と白人は異なる人種で、そこには他のどんな人種の間に存在する違いよりも大きな違いがあります」と語ったが、少なくともその時点では、彼も人種多元論(複数起源論)を共有していたのである。

奴隷貿易と奴隷制度は「人道に対する罪」

一九九二年二月二二日、ローマ法王ヨハネ・パウロ二世がセネガルのゴレ島(図5-1)を訪れた。ゴレ島は大西洋黒人奴隷貿易の基地になったところである。法王は、アフリカ人が乗船前に収容された「奴隷の家」に立って、「神の赦しを請う」と表明した。世俗の権力と一緒になって黒人奴隷貿易を推進したカトリック教会が、初めて公式に過ちを認めたのである。黒人奴隷貿易や奴隷制度が始まってからおよそ四〇〇年後のことである(西山俊彦『カトリック教会と奴隷貿易』)。

二〇〇一年八月三一日から九月八日まで、南アフリカ共和国のダーバンで国連主催による

「人種主義、人種差別、外国人排斥および関連のある不寛容に反対する世界会議」が開催された。これには一六三カ国の政府代表ら約二三〇〇名が参加し、そのほか非政府組織の代表約四〇〇〇名がフォーラムを開催した。焦点は奴隷貿易と奴隷制度の問題だった。議論の結果、「奴隷制度と奴隷取引は人道に対する罪であり、とりわけ大西洋越えの奴隷取引はつねに人道に対する罪であったし、人種主義、人種差別、外国人排斥および関連のある不寛容の主要な源泉である」と宣言された。

図 5-1　セネガル，ゴレ島の「奴隷の家」．ゴレ島は 1978 年に世界遺産に登録された．「負の世界遺産」である

大西洋奴隷貿易と奴隷制度を「人道に対する罪」とすることでは先例があった。同じ二〇〇一年の五月一〇日、フランスの上下両院が南米ギアナ(フランスの海外県。西はスリナム共和国、さらにスリナムの西がガイアナ共和国)選出議員のクリスチアーヌ・マリー・トビラの発議を受けて決議していた。

こうした動きに対して、「謝罪」を表明した国はブラジルが最初である。ブラジルは黒人奴隷の導入が最も多く、奴隷制廃止が一八八八年と最も遅かった国だが、二〇〇五年四月一四日、ルーラ・ダ・シルヴァ大統領が訪問先のセネガルで、「黒人に対して我々が行ったことを謝罪する」と言明した。

ブラジルに次ぐ「黒人奴隷の買い手」だったイギリスでは、二〇〇七年に奴隷貿易禁止法制定二〇〇周年記念式典が行われ、三月二五日にトニー・ブレア首相が、奴隷貿易は「歴史上最も恥ずべき出来事のひとつ」であり、「深い悲しみと遺憾の意を表明する」と述べた。

アメリカ合衆国下院は二〇〇八年七月二九日に、奴隷制度とアフリカ系アメリカ人に対する差別政策について「不当、残虐、野蛮で非人道的だった」として、公式に謝罪することを決議し、翌二〇〇九年には上院も同様の決議を行った。その後も市議会単位での謝罪決議が続いた。最近では、二〇二〇年五月二五日にアフリカ系アメリカ人のジョージ・フロイド氏が白人警察官によって暴殺された事件を契機に、〈Black Lives Matter〉(「黒人の命は大切だ」)を合言葉にした抗議行動が巻き起こり、そのなかで奴隷貿易や奴隷制度の歴史にも改めて注意が向けられたことは記憶に新しい。

このように、「人道に対する罪」「謝罪」「遺憾」など文言は様々だが、奴隷貿易、奴隷制度に対する反省的回顧は世界的な趨勢となった。

「植民地責任」を問う

一方、「カリブ共同体・共同市場」(略称「カリコム CARICOM」)。一九七三年設立。二〇二三年現在の正式加盟は一四カ国と一地域。ハイチは二〇〇二年に正式加盟)は、結成四〇周年にあたる二〇一三年七月、植民地時代の先住民大量殺害やアフリカ系住民の奴隷化について、旧宗主国のイギリス、スペイン、フランス、ポルトガル、オランダに公式の謝罪とともに補償を要求する方針を決定し、加盟国の補償請求活動を調整する機関として「補償委員会」(Reparation Committee)を設置することを決議した。

そして翌二〇一四年三月には、「補償委員会」が提案した「旧宗主国に奴隷制度と植民地支配に対する謝罪と補償を求める行動計画」が決定された。行動計画には「完全で公式の謝罪」「故国への帰還」「先住民開発のためのプログラム」「文化機関の設置」「健康災害の緩和」「非識字の撲滅」「アフリカ人のアイデンティティのためのプログラム」「心理的トラウマの解消」「技術移転」「債務の帳消し」の一〇項目が示され、カリブ海諸国が抱えている諸問題を解決するための費用を旧宗主国が負担するよう求めた。

その後、進展は見られない。旧宗主国側は、「法の不遡及の原則」を盾に、奴隷貿易や奴隷制度が行われた当時は、これを不法とする国際法がなかったのだから、補償する必要はないと繰り返している。一方、「カリコム」の側は、当時の国際法はヨーロッパの法だったにすぎず、奴隷たち当事者の法ではなかったと主張し続けている。議論は平行線のままである。

ハイチによる「返還と補償」の要求

こうした動向のなかで、ハイチの場合は特異である。すでに二〇〇二年から二〇〇四年にかけて、当時の大統領ジャン＝ベルトラン・アリスティドが、フランスに対して「返還と補償」を繰り返し要求していたのである。

「返還」とは、一八二五年にフランスがハイチを独立国家として承認する「代価」として求め、一〇〇年かかって支払った「賠償金」の返還を求める、ということである。

「補償」については具体的な提示はなかった。だが、その意図を推測する手がかりがある。一つは二〇〇三年四月七日の演説のなかの「サン＝ドマングはフランスの対外貿易の三分の一以上を供給しました。フランス人の八人に一人は直接または間接に我々の祖先の血と汗で生きていたのです」という言葉である。

もう一つの手がかりは、アリスティドが一九九三年にクリストフ・ヴァルニーとの共同執筆で著した『自伝』のなかの、「ヨーロッパは我々に負債がある。スペインは先住民を絶滅させ、一万五〇〇〇トンもの金をわずか一五年間で持ち去った。フランスが我々から奪ったものは語り尽くせない。植民地主義列強はかつて植民地に対して行った悪行の償いをしなければならない」という言葉である。

つまり、「補償」とは「ハイチの祖先がフランスのために流した血と汗」「植民地主義列強による悪行」に対する償いである。その意図は、一五世紀末以降のヨーロッパ列強による植民地支配と脱植民地化過程を捉え直すためのキーワードとして、近年、広く使われるようになった「植民地責任」の履行ということである。

アリスティドと支持母体の「ラヴァラ家族」は「返還と補償」キャンペーンを展開した。そして二〇〇三年六月には、その金額を約二一七億ドル（正確には二一六億八五一五万五五七一ドル四八セント。二〇〇三年のレートで約二兆六〇〇〇億円）とした。この金額はハイチのＧＤＰ（二〇〇三年で約二八億ドル）の七・七倍だが、フランスのＧＤＰ（同年で約七〇〇〇億ドル）の一・三％である。

アリスティドの要求に対して、フランス外務省は即座に「返還するつもりはない」とのコミュニケを発表し、ジャック・シラク大統領も「ハイチにはこれまでにも無視しえぬ援助を提供してきた」として返還要求の影響を精査するよう勧告した。しかし、ハイチは「返還要求を取り下げることはない」と表明した。

フランス人でアリスティドの「返還と補償」要求にいち早く反応して、賛意を表明したのは先述のトビラである。彼女は二〇〇三年一月に、ドミニク・ドゥ・ヴィルパン外相とジャン＝ピエール・ラファラン首相に対して、「賠償金」をハイチに返還するよう求めた。

不正と専制のなかで結ばれてきたフランスとハイチとの関係は、ハイチが独立二〇〇周年を迎えるにあたっての崇高な行為として、真理と正義の精神によって再建されるべきです。その精神はフランスの上下両院が二〇〇一年五月に奴隷制度を「人道に対する罪」と認めたことに表れています。ハイチは世界の最貧国の一つで、平均寿命は四七歳未満、国民の三分の二は非識字者、医者は人口一万人あたり一人しかいないのです。一〇〇万人以上が亡命を余儀なくされています。返還される資金は自由・正義・友愛のメッセージとしてハイチのNGOに委ねることとします。

二〇〇三年九月、ドゥ・ヴィルパン外相が「フランス＝ハイチ関係についての独立調査提案委員会」を立ち上げ、委員会での検討結果をまとめた「ドミニク・ドゥ・ヴィルパン外相への報告」が翌二〇〇四年一月に提出された。

この「報告」では、「返還」と「補償」について、大略、次のように書かれた。

「返還」について――賠償金を返還する必要はない。なぜなら、賠償金はもともとハイチの側が発意したものであり、その額もハイチの側が「合理的に計算」したものだ。賠償金額が最終的に決まった一八三八年条約の調印は「一切の圧力なしに」行われた。「ハイチ人は自分たちの約束を完璧に果たした」のだから落着済みである。

「補償」について――奴隷貿易と奴隷制度を「人道に対する罪」とするにしても、金銭的な補償の対象にはならない。なぜなら、大西洋黒人奴隷貿易に関与し利益を得たのはフランスだけではなく、ヨーロッパの大西洋岸諸国だけでもない。アフリカ自身が奴隷貿易の推進者であり「パートナー」だった。奴隷制度は古典古代にもあったしアフリカにもあった。ヨーロッパが黒人奴隷制度を廃止した後も、アメリカ合衆国やブラジルでは黒人奴隷制度が維持された。奴隷制度に対する批判は、古典古代の科学者にもキリスト教の創始者や継承者たちにも未知のものだったが、南北アメリカの植民地化が始まったのと同時にヨーロッパで生まれたのである。「補償」には加害者と被害者の間の個々の関係を特定しなければならないが、それは不可能である。だが、犠牲者たちの記憶が絶えず想起されることは必要である。

やや込み入るため、詳しくは筆者の論文「ハイチによる「返還と補償」の要求」（二〇〇九年）に譲るが、全体として奴隷貿易や奴隷制度に積極的に関与したことについての責任逃れが濃厚である。一八三八年に行われた条約の調印に際して、使節がポルトープランス港に停泊したフリゲート艦に護衛されたことや、フランスでは軍事的再征服の提案が繰り返され、スパイの派遣による攪乱工作があるなど、有形無形の圧力があったことは触れられず、事実の誤認あるいは無視もある。「補償の対象にはならない」として挙げた理由も、奴隷貿易と奴隷制度へのフランスの関与は〈one of them〉である（にすぎない）という言い訳もあり、奴隷制度に対する批判は「ヨーロッパで生まれた」とするなどの我田引水も見え隠れする。

「報告」には次のような文章がある。

奴隷制度とその後遺症はハイチに重くのしかかってきた。国は破滅している。その経済状態は政府とりわけ最近五〇年の政府の無為無策の結果であり、またその原因でもある。ハイチの「破滅」の遠因が奴隷制度にあることは認めるのだが、「奴隷制度とその後遺症」に対する補償には応じないのである。

二〇一五年五月、フランス大統領フランソワ・オランドはハイチ大統領ミシェル・マーテリと会談した際に「歴史は変えられないが未来は変えられる」と述べ、教育向上のため五〇〇〇万ユーロ(当時のレートで約六八億円)を援助すると表明した。オランドはハイチによる「返還と補償」要求の件については触れず、「植民地支配の責任はモラルの問題で、金銭の問題ではない」とした。これに激怒した民衆が抗議行動を展開し、プラカードには「オランドよ! カネだ! モラルじゃない!」「フランス打倒!」などのほか「返還と補償を!」とも書かれた。「返還と補償」は決着がついていないのである。

等身大の近代世界史へ

筆者の学生時代の恩師である遅塚忠躬先生は、「歴史学は何の役に立つのか」「歴史家の言っていることはどのくらい確かなのか」という「二つの根源的な疑問」に立ち帰って、歴史学の意義を問い直した『史学概論』(二〇一〇年)で、「歴史学は、すでにできあがった知の体系ではなく、躍動し変貌し続ける生き物である。それは、新たな領域を開拓し、従来とは違った観点から対象を見なおし、また、新たな方法を編み出したり隣接諸科学から借用したりしながら、日々その相貌を変えつつある」と書き、次の言葉で大著を結んだ。「歴史学に限らず、おそらく科学一般が、いま、パラダイムの転換を迫られているのではなかろうか。歴史学の新たな飛翔を若き世代に期待しつつ、本書をここで閉じることにしよう」。

フランス革命史の研究から始まり、ハイチ革命史の探求へと進んだ筆者の近代世界史研究も、「パラダイムの転換を迫られている」と言って良いのであろう。しかし筆者は「パラダイムの転換」まで意図しているのではない。筆者が目指すのは、「新たな領域」「従来とは違った観点」からの研究を通して、世界史への「書き加え」あるいは「書き直し」を行うこと、それを通して「等身大の近代世界史」を試みることである。

筆者の言う「等身大の近代世界史」は、「大国」や「強者」や「マジョリティー」の歴史を主軸にするのではなく、「小国」や「弱者」や「マイノリティー」を、「大国」や「強者」や「マジョリティー」によって支配され収奪される客体としてではなく、歴史の主体として捉えることである。

「新しいスパルタクス」の待望

最後に、本章の扉に掲げたアンヌ＝ルイ・ジロデ＝トリオゾン作『ジャン＝バチスト・ベレイの肖像』(一七九七年)について触れたい。

ジロデ＝トリオゾン(一七六七―一八二四年)は一八世紀末から一九世紀初頭のフランスを代表する画家の一人である。一七八五年にジャック＝ルイ・ダヴィッドに弟子入りして間もなく頭角を現し、一七八九年に芸術を専攻する学生に授与される奨学金付留学制度であるローマ賞の大賞を受賞し、第一帝政期にはナポレオンからも注文を受けるほどになった。師ダヴィッドの影響を受けて新古典主義的様式から出発したが、次第にロマン主義的様式へと傾斜していったとされる。過度の装飾を排し写実性を重んじた格調高い人物像が特徴である。

描かれているジャン＝バチスト・ベレイは一七四六(または四七)年に上述のセネガルのゴレ島で生まれた。二歳の時に「奴隷狩り」にあってサン＝ドマングに連行され、一七九一年夏の一斉蜂起を発端とするハイチ革命に合流した。第二章で見たように、事態を収拾するために派遣された政府代表委員のソントナクスは、一七九三年八月に奴隷解放を宣言し、本国議会の追認を求めるために国民公会議員を選んでフランスに派遣したが、その議員の一人になったのがベレイである。一七九四年二月四日、彼は奴隷制廃止宣言に立ち会った。ベレイは一七九七年まで国民公会議員となる。ベレイはフランス議会に議席を占めた最初の黒人である。

その後ベレイは、一八〇二年にルクレール将軍の軍隊に同行してサン＝ドマングに帰島し、憲兵隊の士官となった。しかし、フランスに敵対しているとの嫌疑で逮捕されてフランスに送還され、一八〇五年にブルターニュ沿岸のベル・イル島の要塞に収監され、同年八月六日に死去した。

『ベレイの肖像』の左手には台座に〈G・T・RAYNAL〉と刻まれた胸像が描かれている。本書で幾度か登場したギヨーム＝トマ・フランソワ・レナール（一七一三―一七九六年）で、『両インド史』の著者である。『両インド史』は、ドゥニ・ディドロなど多くの啓蒙思想家の協力執筆も得て、ヨーロッパによる植民地主義の歴史を網羅的かつ批判的に叙述していることから、「第二の百科全書」「植民地の百科全書」とされる。

『ベレイの肖像』は単なる肖像画ではない。大航海時代以降の三〇〇年の歴史が凝縮された歴史画である。例えば、ダルシー・グリマルド・グリスビーは『最先端――フランス革命後の絵画の帝国』（二〇〇二年）で『ベレイの肖像』を解説するにあたって、全四〇四頁のうち五八頁を費やして「黒人革命――サン＝ドマング」の論文を載せ、奴隷貿易や奴隷制度、植民地支配、啓蒙思想、国民公会による奴隷制廃止宣言、ハイチ革命について詳論しているのである。

『両インド史』では黒人奴隷制を批判して廃止が唱道されている。注目すべきは、黒人奴隷制の廃止は黒人奴隷自身が解放主体となることによって初めて可能となる、としていることである。一七七四年の第二版では「この偉人、人類への自然の賜物たるその人は何処に。けっしてクラッススにまみえることのない新しいスパルタクスは何処に」と書かれている。

「けっしてクラッススにまみえることのない新しいスパルタクス」とは何か。ローマ共和政末期の紀元前七三年、剣闘士奴隷のスパルタクスは反乱を指揮してローマと対峙したが、前七一年にマルクス・リキニウス・クラッスス率いるローマ軍に敗れて死刑となった。「決してクラッススにまみえることのない新しいスパルタクス」とは、クラッススに阻まれてしまった歴史上のスパルタクスとは違って、「勝利して奴隷解放を成し遂げるスパルタクス」ということである。

こうして黒人奴隷制は、ヨーロッパの君主がなす善政によるのでなければ、ヨーロッパの民衆の力によるのでもなく、黒人奴隷自身が消滅させると想定される。しかも一七八〇年の第三版では、その「偉人」の出現が、「あり得べき」あるいは「あらまほしき」こととして、期待と確信を込めて予見されたのである。そして、ベレイやトゥサン・ルヴェルチュールらハイチの黒人奴隷たちこそが、『両インド史』が予見し待望した「新しいスパルタクス」を体現したのである。

『両インド史』は「反植民地主義の記念碑」あるいは「反植民地主義理論の兵器庫」とされる。それは、奴隷制度に対する厳しい批判や「新しいスパルタクス」論とともに、植民地の独

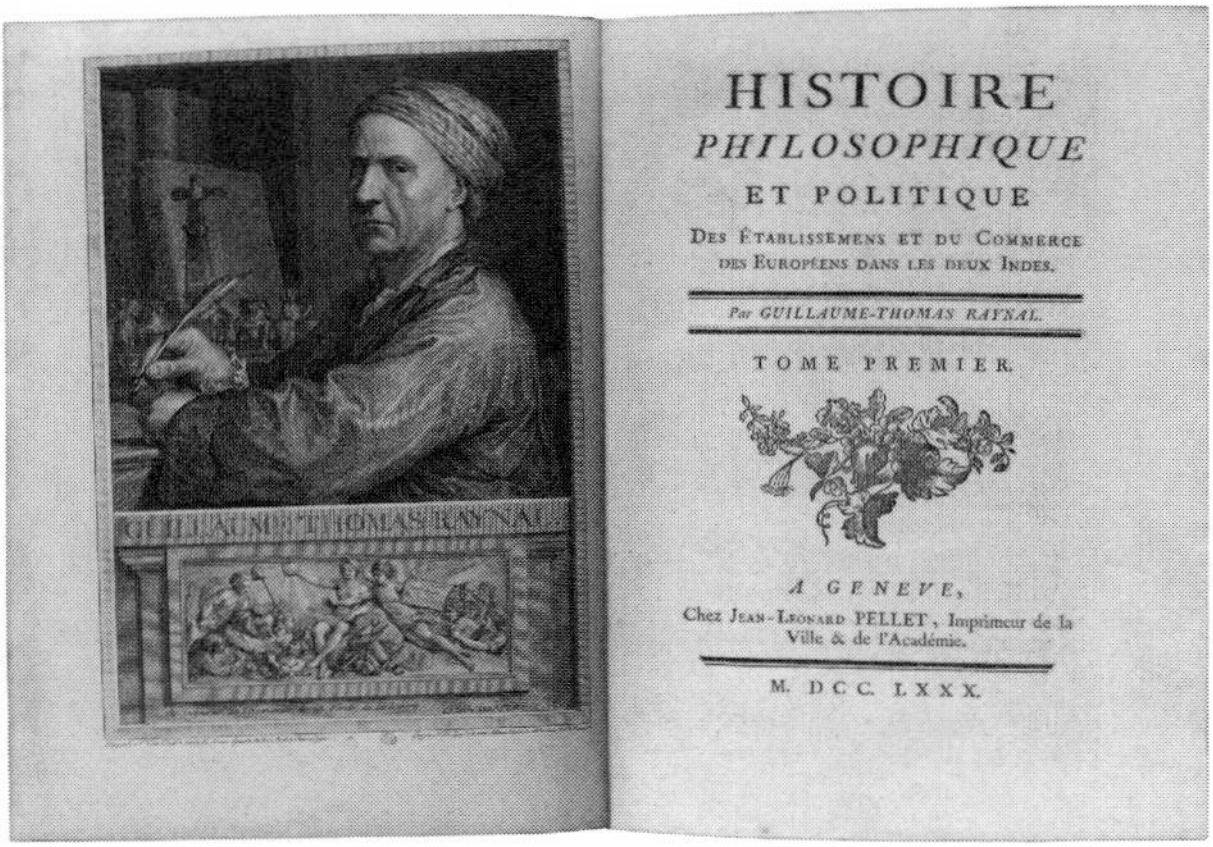

図 5-2　著者名と肖像が入った『両インド史』第 3 版扉

立が不可避であるとの論説が書かれているためである。

第二版まで匿名出版だった『両インド史』は、一七八〇年の第三版で初めてレナールの実名と肖像画入りで出版されるが（図5-2）、一七八一年五月二五日のパリ高等法院は、『両インド史』の破棄・焼却処分とレナールの逮捕・財産没収の判決を下した。王政とカトリシズムに対する過激な批判に加えて、「人民の蜂起を煽動している」というのが判決理由である。

高等法院判決の執行が遅れたため、レナールは辛うじて難を逃れるが、リエージュ、ダルムシュタット、ゴータ、ヴァイマール、ベルリンなどを転々とすることとなった。一七八四年、南フランスに秘かに姿を現したレナールに対して、翌年には「プロヴァンスに留まる」ことを条件に帰国の許可が下りた。そしてフランス革命勃発後、一七九〇年八月一五日の国民議会はパリ高等法院判決の撤回を決議して、名誉回復がなされた。その後はパリ郊外シャイヨーの友人宅で隠遁生活を送り、一七九六年三月六日に死去した。『ベレイの肖像』が描かれる一年前のことである。

「絶対的転倒の意識」

『両インド史』には、「新しいスパルタクス」のくだりをはじめ、有力な協力者だったディドロの執筆になる記述が多数あり、イヴ・ブノは『ディドロ、無神論から反植民地主義へ』(一九七〇年)において、『両インド史』は「ディドロの革命宣言である」とした。

中川久定は『啓蒙の世紀の光のもとで——ディドロと〈百科全書〉』(一九九四年)の「ディドロの「現代性」」の章で次のように書いている。

一八世紀ヨーロッパ社会において確立された秩序のなかで公認されていた権威、それは、主人であり、ヨーロッパ人であり、男性であり、嫡出児であり、大人であり、理性であり、健常者であり、覚醒でした。しかしディドロただひとりだけが、これだけ広範囲な分野にわたって、これら正統の諸権威によって抑圧されているものに光を当て、後者に固有の価値の復権をはかったのです。復権をはかったとは、いったいどういうことでしょうか。それは、抑圧されたものが、いつでも既存の正統な価値を転覆して、それに替わる力になりうるという可能性を、ディドロが洞察したという意味です。(中略)ディドロの精神のうちにあるあの「絶対的転倒」の意識だけは、今もなおこの哲学者の永遠の〈現代性〉として私たち読者のうちにいきいきと生き続けているのです。

ハイチ革命はディドロの「絶対的転倒の意識」を具現化したものである。また、ヘーゲルの「主人と奴隷の弁証法」も「絶対的転倒の意識」である、と言ってよいだろう。

『両インド史』には、「新世界の発見」がもたらした不幸や害悪への洞察、「近代」への懐疑、植民地主義に対する批判、歴史の変革主体を支配する者ではなく、支配され抑圧されてきた者に求めるなどの注目すべき論説が書かれている。啓蒙思想家の著書としては異色の論説が書かれた『両インド史』は、出版当初はベストセラーになるほどだったが、一八三〇年頃を境に「沈黙と忘却」が起こり(ハンス・ヴォルプ『レナールと戦争機械』)、以来、永らく無視され封印されることとなった。時あたかも一八三〇年は、フランスが北アフリカ・アルジェリアの首都アルジェを占領した年であり、これを発端として新たな植民地帝国の構築へと突き進むことになるのである。

大津真作による『両インド史』の翻訳出版が進行中である。二〇〇九年に始まり二〇二二年時点での既刊は全体の半分ほどで、おそらく全五巻ないし六巻になるものと予想される。数多くの丁寧な訳注と各巻ごとに長文の解説を施した大事業である。翻訳の完成によって研究が深化することが待たれる。

『ベレイの肖像』に戻ろう。実に堂々とした知的な黒人像である。黒人が登場する絵は古くからあるが、その多くは白人と混在して、主体である白人とは対照的に虐げられ呻吟する客体として描かれたものであった。しかし、一八世紀末になると、高潔にして知的な人物として描く新しい傾向が現れる。その転換点となったのが『ベレイの肖像』である（ユー・オヌール『西洋絵画のなかの黒人のイメージ――アメリカ革命から第一次世界大戦まで』）。

だが、注意深く観察しなくてはならない。ベレイの服装は当時の国民公会議員が着用したものと同じである。モノクロ印刷のために識別できないが、ベレイが左手に持つ帽子の羽根飾りとウエストのスカーフは青・白・赤のトリコロールである。前述のように、一七九四年二月四日の黒人奴隷制廃止宣言は「植民地に居住する人はすべて、肌の色の区別なしにフランスの市民であり、憲法が保障するすべての権利を享受する」とうたっていた。奴隷解放とは「フランスの市民」になることであり、「フランスの市民」になって初めて自由を享受できるということにほかならない。『ベレイの肖像』ではフランスの革命と思想がこのような高潔な黒人を生み出したのだという意識が図像化されているのである。

『ベレイの肖像』で気になることがある。ベレイはレナール像の台座に右肘を下ろしながら、視線はレナールとは別の方角に向けている。なぜジロデ゠トリオゾンはこのように描いたのか、意図は分からない。だが、意味深げである。筆者の「宿題」である。

あとがき

今から二〇〇年以上も昔、地球の裏側の小さな島で展開されたハイチ革命は、時間と空間の隔たりを越えて現代日本に生きる我々につながる。そのことをハイチ史研究者に代わって論じてくれているのは、本書の第三章と第五章でも言及した、植村邦彦による出色の書『隠された奴隷制』である。

奴隷制を通してみる壮大な社会思想史が、啓蒙思想（ロック、モンテスキュー、ルソー、ヴォルテール）からアダム・スミス、ヘーゲル、マルクスなどを経て、新自由主義、現代の思潮（ポメランツ、スコット、グレーバー）までの三五〇年にわたって語られる。精密で説得力ある叙述は圧巻である。

「隠された奴隷制」とは、「剝き出しの奴隷制」とは違って気づきにくい、「ヴェールに覆われた奴隷制」、つまり、主観的に自分は「自由」だと思っていても、客観的には「奴隷」であるような状態を言う。「自己責任」「自立心」「自己啓発」「サービス残業」などの言葉で強制される「過度労働」と、その結果としての「過労死」の悲劇を連想すると良いだろう。

エコノミストの浜矩子は、「資本主義的生産体制こそヴェールをかぶった奴隷制度」と題した書評を、「恐ろしい本である」の文で書き起こし、その「恐ろしさ」が凝縮された一節「自分自身が「奴隷」であることに気づいていない「奴隷」。主観的には自分は「最大の自由」と「個人の完全な独立性」を享受していると思っている「奴隷」」を引用している。

発端は、マルクス研究者の著者が書店の棚に並んでいたスーザン・バック＝モースの『ヘーゲルとハイチ』を偶然に見つけたこと、そして、その『ヘーゲルとハイチ』の出発点になっていたのがハイチ革命だったことである。

ハイチ革命を一つの素材に植村は次のように結論する——「剝き出しの奴隷制」の下にあった奴隷には「自らを解放する絶対的な権利がある」。同じように、「隠された奴隷制」の下にある者にも「自らを解放する絶対的な権利がある」。「自由は自ら勝ち取るものだ」「自らを解放するためには、自らが闘わなければならない」。

植村の「隠された奴隷制」論の根底にあるのは、「無責任な私をお許し下さい。全て私の無能さが原因です。家族のみんなごめんなさい」と書き残して過労自死した二三歳の小学校女性教員への眼差しと深い悲しみであり、非情な現代日本社会への怒りである。

「隠された奴隷制」論の起点はハイチ革命にある。現代日本に生きる我々がハイチ革命について知る意味の一つは、そこにあるだろう。

黒人奴隷制の史上最初の廃止は、黒人奴隷による一大民衆革命の所産として実現された。奴隷制のもとで搾取と抑圧を甘受し呻吟し続ける客体ではけっしてなく、自らの意志によって自らを解放する主体的な存在であること、「自らを解放する絶対的な権利がある」「自由は自ら勝ち取るものだ」ということを示したのである。

「歴史とは勝者によって作られた物語である」と言われる。ハイチ革命では、ハイチが「勝者」、フランスは「敗者」である。その「勝者」の歴史が「沈黙」させられた。フランスは「敗者」となったが故に「勝者」であるハイチの歴史を永らく封印したのである。本書によっていくらかでも封印を解くことができただろうか。

そのハイチは今、混迷と危機のなかにある。本書の執筆中にも、劣悪な治安や人権状況が深刻の度を増していることを示す出来事が続いた。

二〇二一年一〇月一五日、国連難民高等弁務官事務所と国連ハイチ事務所は合同で「ハイチのギャングが住民に恐怖を植え付け、縄張りを確立する手段として性暴力を利用している」との報告書を公表した。

翌一一月二〇日には隣国のドミニカ共和国が、ハイチからの難民流入を防ぐために、全長約四〇〇キロの国境線のうち一六四キロに、高さ三・九メートル、厚さ二〇センチ、強化コンクリートと金属の構造体を組み合わせた「国境の壁」の建設を開始した。

日本外務省は二〇二二年一〇月二四日に、在ハイチ大使館を一時閉館してドミニカ共和国に臨時事務所を設置するとし、ハイチ全土に危険情報「レベル四(退避してください、渡航を止めてください)」を発出した。

もともと脆弱な生活インフラに加えて、ロシアによるウクライナ侵攻の影響で、食料や燃料の不足、物価高騰に拍車がかかっている。

ハイチの「脱植民地化」は未完である。「西半球の最貧国」となった要因が、フランス領植民地時代から起算して三二六年、「賠償金」という「独立の代価」を背負ってから一九八年という、長い歴史のなかで形成されたものであるだけに、その根は広く深い。二〇一〇年と二〇二一年に繰り返し襲った大地震は、今も根強く残る植民地支配の負の遺産と、ハイチが抱える深刻な問題を激烈かつ悲劇的なかたちで露出させた。

第三章の末尾で、「先駆的な黒人奴隷解放と独立という輝かしい歴史を持つにもかかわらず、ハイチは極度の貧困に喘いでいる、という表現は不的確である。むしろ、そのような先駆的な国であるが故に貧困化へと向かわされた、と言わなければならないであろう。当時の周辺世界は「世界初の黒人共和国」を歓迎しなかった。ハイチは、その先駆性ゆえに、苦難を強いられることとなったのである」と書いた。なんとも冷酷なことである。

フランスの「脱植民地主義」も未完である。ハイチからの「返還と補償」要求と「植民地責任」に真摯に向き合うことは、自国の植民地主義の歴史の「修復」につながるであろう。「補償」と「修復」の英語は、どちらも〈reparation〉である。

「西半球の最貧国」からの脱却は多くの困難を伴う重い課題であり、一〇〇年を単位とする時間を想定しなければならないであろう。それは一国の域を越えた世界史的な課題である。ハイチの貧困や危機の責めの一切をフランスやアメリカに帰すことはできない。植民地支配の負の遺産を克服して「西半球の最貧国」という汚名を返上するために、「団結は力なり」という国の標語を内実化し、自由と民主主義、国民的繁栄を「自ら勝ち取る」営為に期待したい。

二〇二一年二月一二日、岩波書店編集部の杉田守康さんから「ハイチ革命の世界史」というテーマで新書を書いてみませんか、とのメールを頂戴した。これまでの仕事のエッセンスに加えて、近年の研究状況を反映させて改めて書き下ろしては、とのことだった。杉田さんが考えておられるのは次のようなことと推察した――旧著『カリブからの問い』(二〇〇三年、品切)のダイジェスト版ではない。ハイチ革命は世界史の一つのエピソードに留まらない意味を持っているはずだから、文字どおり世界史のなかに位置付けて展開してみてはどうか、ということ。

魅力的ではあるが、たじろいだ。最大の理由は壮大なテーマに迫るのに欠かせない資・史料や文献の問題。海外ではハイチ独立二〇〇周年にあたる二〇〇四年以降にハイチ革命に関連する著書が数多く出版されたが、依然として大きな制約がある。そのため旧著と同じ資・史料を利用し、論述が同じにならざるを得ない箇所があるからである。

しかし、その後の通信で「じっくりお考えいただいて」と叱咤激励され、また、かねて「最後にまとめの一冊を」と念じていたこともあって、「傘寿」になる二〇二三年中には出版できるようにしたい、と返信した。

旧著の出版以降に進めた研究のなかから、本書第四章に収めたアメリカ合衆国との関係、第五章に収めた「植民地責任」論やジロデ＝トリオゾンの作品に関する研究などを取り込むことで、ハイチ革命を「世界的横断」と「歴史的縦断」のなかで捉え、「ハイチ革命の世界史」を展開できるのではないか、と考えたのである。

杉田さんには旧著に続き大変お世話になった。草稿には細やかで正鵠を射たコメントをいただいた。本書が読み易いものになったとすれば、ひとえに杉田さんの助力の賜物である。心からお礼を申し上げたい。

本来ならば、学生時代から今日までの約六〇年間に学恩を受けた方々、研究を支えて下さった皆さんのお名前を挙げるべきところ、なにぶん多数になるため控えることをお許しいただきたい。一九八六年の創立以来、「農業で今日のいのちを守り、教育で明日のハイチを育てる」支援活動を続けている「ハイチの会」(代表・中野瑛子さん)からは「ハイチ支援レポート」をはじめ数多くの情報と知見をいただいたことだけは記して、謝辞としたい。
「まとめの一冊」に至るまでの長い歳月、歴史研究を生業とする筆者を見守ってくれた妻玲子と四人の姉妹に、尽くせぬ感謝を述べて筆を擱く。

二〇二三年八月

浜　忠雄

岩波新書より

シリーズ アメリカ合衆国史

植民地から建国へ 19世紀初頭まで　和田光弘

南北戦争の時代 19世紀　貴堂嘉之

20世紀アメリカの夢 世紀転換期から一九七〇年代　中野耕太郎

グローバル時代のアメリカ 冷戦時代から21世紀　古矢旬

岩波新書より

- フランス史10講　柴田三千雄
- 地中海　樺山紘一
- 韓国現代史◆　文京洙
- 多神教と一神教　本村凌二
- 奇人と異才の中国史　井波律子
- ドイツ史10講　坂井榮八郎
- ナチ・ドイツと言語　宮田光雄
- ニューヨーク◆　亀井俊介
- 離散するユダヤ人　小岸昭
- アメリカ黒人の歴史〔新版〕　本田創造
- ゴマの来た道　小林貞作
- 文化大革命と現代中国　安藤正士・太田勝洪・辻康吾
- フットボールの社会史　F・P・マグーンJr　忍足欣四郎訳
- コンスタンティノープル千年　渡辺金一
- ペスト大流行　村上陽一郎
- ピープス氏の秘められた日記　臼田昭
- 西部開拓史　猿谷要

- 中世ローマ帝国　渡辺金一
- モロッコ　山田吉彦
- シベリアに憑かれた人々　加藤九祚
- インカ帝国　泉靖一
- 中国の隠者　富士正晴
- 漢の武帝◆　吉川幸次郎
- 孔子　貝塚茂樹
- 中国の歴史 上・中・下◆　貝塚茂樹
- インドとイギリス　吉岡昭彦
- フランス革命小史◆　河野健二
- 魔女狩り　森島恒雄
- ヨーロッパとは何か　増田四郎
- 世界史概観 上・下　H・G・ウェルズ　長谷部文雄・阿部知二訳
- 歴史の進歩とはなにか◆　市井三郎
- 歴史とは何か　E・H・カー　清水幾太郎訳
- チベット　多田等観
- 奉天三十年 上・下　クリスティー　矢内原忠雄訳
- ドイツ戦歿学生の手紙　ヴィットコップ編　高橋健二訳

- アラビアのロレンス 改訂版　中野好夫

シリーズ 中国の歴史

- 中華の成立 唐代まで　渡辺信一郎
- 江南の発展 南宋まで　丸橋充拓
- 草原の制覇 大モンゴルまで　古松崇志
- 陸海の交錯 明朝の興亡　檀上寛
- 「中国」の形成 現代への展望　岡本隆司

シリーズ 中国近現代史

- 清朝と近代世界 19世紀　吉澤誠一郎
- 近代国家への模索 1894-1925　川島真
- 革命とナショナリズム 1925-1945　石川禎浩
- 社会主義への挑戦 1945-1971　久保亨
- 開発主義の時代へ 1972-2014　高原明生・前田宏子
- 中国の近現代史をどう見るか　西村成雄

岩波新書より

世界史

スペイン史10講	立石博高
ヒトラー	芝健介
ユーゴスラヴィア現代史〔新版〕	柴宜弘
東南アジア史10講	古田元夫
チャリティの帝国	金澤周作
太平天国	菊池秀明
ドイツ統一	アンドレアス・レダー 板橋拓己訳
人口の中国史	上田信
カエサル	小池和子
世界遺産	中村俊介
奴隷船の世界史	布留川正博
独ソ戦 絶滅戦争の惨禍	大木毅
イタリア史10講	北村暁夫
フランス現代史	小田中直樹
移民国家アメリカの歴史	貴堂嘉之
フィレンツェ	池上俊一
マーティン・ルーサー・キング	黒崎真
ナポレオン	杉本淑彦
ガンディー 平和を紡ぐ人	竹中千春
イギリス現代史	長谷川貴彦
ロシア革命 破局の8か月	池田嘉郎
天下と天朝の中国史	檀上寛
孫文	深町英夫
古代東アジアの女帝	入江曜子
新・韓国現代史	文京洙
ガリレオ裁判	田中一郎
人間・始皇帝	鶴間和幸
袁世凱	岡本隆司
二〇世紀の歴史	木畑洋一
イギリス史10講	近藤和彦
植民地朝鮮と日本	趙景達
シルクロードの古代都市	加藤九祚
中華人民共和国史〔新版〕	天児慧
物語 朝鮮王朝の滅亡◆	金重明
新・ローマ帝国衰亡史	南川高志
近代朝鮮と日本	趙景達
マヤ文明	青山和夫
北朝鮮現代史◆	和田春樹
四字熟語の中国史	冨谷至
李鴻章	岡本隆司
新しい世界史へ	羽田正
パル判事	中里成章
グランドツアー 18世紀イタリアへの旅	岡田温司
マルコムX	荒このみ
パリ 都市統治の近代	喜安朗
ノモンハン戦争 モンゴルと満洲国	田中克彦
中国という世界	竹内実
ウィーン 都市の近代	田口晃
紫禁城	入江曜子
ジャガイモのきた道	山本紀夫
北京	春名徹
創氏改名	水野直樹

岩波新書新赤版一〇〇〇点に際して

ひとつの時代が終わったと言われて久しい。だが、その先にいかなる時代を展望するのか、私たちはその輪郭すら描きえていない。二〇世紀から持ち越した課題の多くは、未だ解決の緒を見つけることのできないままであり、二一世紀が新たに招きよせた問題も少なくない。グローバル資本主義の浸透、憎悪の連鎖、暴力の応酬――世界は混沌として深い不安の只中にある。

現代社会においては変化が常態となり、速さと新しさに絶対的な価値が与えられた。消費社会の深化と情報技術の革命は、種々の境界を無くし、人々の生活やコミュニケーションの様式を根底から変容させてきた。ライフスタイルは多様化し、一面では個人の生き方をそれぞれが選びとる時代が始まっている。同時に、新たな格差が生まれ、様々な次元での亀裂や分断が深まっている。社会や歴史に対する意識が揺らぎ、普遍的な理念に対する根本的な懐疑や、現実を変えることへの無力感がひそかに根を張りつつある。そして生きることに誰もが困難を覚える時代が到来している。

しかし、日常生活のそれぞれの場で、自由と民主主義を獲得し実践することを通じて、私たち自身がそうした閉塞を乗り超え、希望の時代の幕開けを告げてゆくことは不可能ではあるまい。そのために、いま求められていること――それは、個と個の間で開かれた対話を積み重ねながら、人間らしく生きることの条件について一人ひとりが粘り強く思考することではないか。その営みの糧となるものが、教養に外ならないと私たちは考える。歴史とは何か、よく生きるとはいかなることか、世界そして人間はどこへ向かうべきなのか――こうした根源的な問いとの格闘が、文化と知の厚みを作り出し、個人と社会を支える基盤としての教養となった。まさにそのような教養への道案内こそ、岩波新書が創刊以来、追求してきたことである。

岩波新書は、日中戦争下の一九三八年一一月に赤版として創刊された。創刊の辞は、道義の精神に則らない日本の行動を憂慮し、批判的精神と良心的行動の欠如を戒めつつ、現代人の現代的教養を刊行の目的とする、と謳っている。以後、青版、黄版、新赤版と装いを改めながら、合計二五〇〇点余りを世に問うてきた。そして、いままた新赤版が一〇〇〇点を迎えたのを機に、人間の理性と良心への信頼を再確認し、それに裏打ちされた文化を培っていく決意を込めて、新しい装丁のもとに再出発したいと思う。一冊一冊から吹き出す新風が一人でも多くの読者の許に届くこと、そして希望ある時代への想像力を豊かにかき立てることを切に願う。

（二〇〇六年四月）

浜　忠雄

1943年，札幌市生まれ．1975年，北海道大学大学院文学研究科博士課程単位取得退学．北海道教育大学教授，北海学園大学教授を経て，
現在―北海学園大学名誉教授
専攻―ハイチ革命史，フランス革命史
著書―『岩波講座世界歴史17　環大西洋革命』(共著，岩波書店)
『ハイチ革命とフランス革命』(北海道大学図書刊行会)
『カリブからの問い――ハイチ革命と近代世界』(岩波書店)
『ハイチの栄光と苦難――世界初の黒人共和国の行方』(刀水書房)
『「植民地責任」論――脱植民地化の比較史』(永原陽子編，共著，青木書店) ほか

ハイチ革命の世界史―奴隷たちがきりひらいた近代
岩波新書(新赤版)1984

2023年8月18日　第1刷発行

著　者　浜《はま》　忠雄《ただお》

発行者　坂本政謙

発行所　株式会社　岩波書店
〒101-8002 東京都千代田区一ツ橋 2-5-5
案内 03-5210-4000　営業部 03-5210-4111
https://www.iwanami.co.jp/

新書編集部 03-5210-4054
https://www.iwanami.co.jp/sin/

印刷・精興社　カバー・半七印刷　製本・中永製本

ISBN 978-4-00-431984-9　　Printed in Japan

略 年 表

1492	12(月) コロンブスが到着しイスパニョラ島と命名.
1530	この頃までに先住民タイノ・アラワク人がほぼ絶滅.
1635	6-7 フランスがマルチニックとグァドループを領有.
1670	フランスがイスパニョラ島に進出してサン＝ドマングと命名. 黒人奴隷の導入を許可.
1685	3 フランスが「黒人法典」を制定.
1697	9 ライスワイク条約でイスパニョラ島の西側はフランス領に.
1756	七年戦争(〜1763年).
1757	「マカンダルの陰謀事件」(〜1758年).
1765	**アメリカ独立革命(〜1788年)**.
1770	レナール『両インド史』初版刊行(第2版1774年, 第3版1780年).
1788	2「黒人の友の会」発足.
1789	5 フランスで「全国三部会」開会. 7 バスティーユ襲撃事件. **フランス革命(〜1799年)**. 8「人権宣言」採択.「マシャック・クラブ」発足.
1790	10 ムラートのヴァンサン・オジェがサン＝ドマングで蜂起するも鎮圧され, 翌年2月に「車裂きの刑」執行.
1791	5 フランス議会が有色自由人の法的平等を認める法令(9月に破棄). 8 サン＝ドマング北部州の黒人奴隷が「カイマン森の儀式」と一斉蜂起. **ハイチ革命(〜1804年)**. 9 フランス革命最初の憲法(「1791年憲法」). 10 フランス議会に黒人奴隷蜂起の初報. 11 トゥサンが蜂起に合流.
1792	3 フランス議会が有色自由人の法的平等を認める法令. 4 フランスがオーストリアに宣戦.
1793	2-3 フランスがイギリス, オランダ, スペインに宣戦. 3 トゥサンがサント・ドミンゴへ,「スペイン国王の将軍」となる. 8 ポルヴレルとソントナクスがサン＝ドマングで奴隷解放宣言. トゥサンの「アピール」. 9 イギリス軍がサン＝ドマング南西部を制圧. 10 トゥサンとスペインの同盟軍が北部を制圧.
1794	2 国民公会が奴隷制廃止宣言. 3-4 イギリスがマルチニック, グァドループを占領. 5 トゥサンがスペイン軍を離れフランス軍に合流. 6 ヴィクトル・ユーグがイギリス軍からグァドループを奪還し奴隷制廃止を宣言. ギアナで奴隷制廃止を宣言. 7「テルミドール9日のクーデタ」でロベスピエールが失脚. 10 イギリス軍がポルトープランスから退却.

1795	7 バーゼル条約.
1796	3 トゥサンが総督補佐官に. 6 トゥサンが少将に.
1797	5 トゥサンが総司令官に.
1798	5 イギリス軍がサン＝ドマング西部から撤退. 8 イギリス軍がサン＝ドマング北部から撤退.
1799	11「ブリュメール 18 日のクーデタ」でナポレオンが実権掌握.
1800	7 トゥサンがサン＝ドマングのほぼ全域を制圧.
1801	1 トゥサンがサント・ドミンゴに進駐し奴隷制廃止を宣言. 2 ナポレオンがトゥサンを将軍に任命. 7 トゥサンの「フランス領植民地サン＝ドマング憲法」. 10 ナポレオンがルクレール将軍にサン＝ドマングへの出兵を命令.
1802	1-2 サン＝ドマング派遣軍が到着. 3「アミアンの和議」. 5 ナポレオンがマルチニック, レユニオン島, フランス島での奴隷制維持と黒人奴隷貿易復活を布告. 6 ナポレオンがサン＝ドマングでの奴隷制復活の秘密指令. トゥサンが逮捕されフランスへ連行される. 10 黒人とムラートの大同団結. 独立戦争開始. 11 ルクレール将軍が黄熱病で死去.
1803	4 トゥサンがジュー要塞で獄死. フランスが米国にルイジアナを売却. 5 ハイチ革命軍が青・赤の横二分割旗を掲げる(独立後の国旗の原型). 12 フランス軍がサン＝ドマングから完全撤退. 独立戦争終結.
1804	1 ハイチ独立宣言. 3-4 残留フランス人の虐殺事件. 5 ナポレオンが皇帝に. 10 ジャン＝ジャック・デサリーヌが皇帝ジャック 1 世と称して戴冠.
1805	5 ハイチ最初の憲法,「奴隷制の永久廃棄」「黒人国家」を表明.
1806	2 米国下院が対ハイチ禁輸を決議(～1809 年). 12 ハイチ新憲法で共和制を宣言. 黒人奴隷出身のアンリ・クリストフがハイチ北部を統治(～1820 年).
1807	3 ムラートのアレクサンドル・ペションがハイチ南部を統治(～1818 年).
1808	ナポレオンによるイベリア支配を契機に中南米のスペイン領植民地で独立運動が活発に.
1811	3 アンリ・クリストフがハイチ北部で国王アンリ 1 世と称する.
1814	9-10「ウィーン会議」, イギリスとフランス間で秘密協定.
1815	12 シモン・ボリーバルの要請に応えてペションが武器等を援助.
1820	10 ジャン＝ピエール・ボワイエがハイチ全土を統治.
1822	2 ハイチがスペイン領サント・ドミンゴを併合(～1844 年).
1823	12 米国で「モンロー宣言」.
1824	5-6 ハイチとフランスとの交渉が決裂. 6-7 ハイチがグラン・コロンビアに軍事・通商条約の締結を打診するも実らず.

1825	4 フランスがハイチを承認．1億5000万フランの「賠償金」．
1826	6 パナマでラテンアメリカ諸国会議．ハイチは招聘されず．
1830	1 フランスがアルジェを占領．アルジェリア支配の開始(〜1962年)．
1838	6「賠償金」を9000万フランに減額．
1844	ドミニカ共和国がハイチから独立．
1848	4 フランスが黒人奴隷制を最終廃止．7 リベリアが米国から独立しリベリア共和国に．
1861	4 米国「南北戦争」勃発(〜1865年)．
1862	6 米国がハイチとリベリアを承認．9 米国で奴隷解放予備宣言．
1863	1 米国で奴隷解放宣言．4 米国の黒人453人がハイチ・ヴァシュ島への植民に出航．
1864	3 ヴァシュ島から368人の生存者が米国に帰還．
1891	1 米国がハイチにモール・サン＝ニコラの譲渡を打診．ハイチは不同意．
1898	4「米西戦争」．米国はキューバとプエルトリコを獲得．
1901	6 米国がキューバの内政干渉を規定した「プラット修正条項」可決．
1903	2 米国がキューバを保護領化．
1904	12 セオドア・ローズヴェルト大統領が年次教書でカリブ諸国への干渉権を主張．
1910	米国＝ハイチ間で「マクドナルド協定」．
1915	7 米国によるハイチの軍事占領(〜1934年)．9「カコ」による抵抗運動(〜1920年)．
1918	1 ウィルソン大統領が「14カ条」を発表．7 ハイチが対ドイツ宣戦．
1941	12 ハイチが対日・イタリア宣戦．
1957	9 フランソワ・デュヴァリエがハイチ大統領に(〜1971年)．「国家安全志願隊」(通称「トントン・マクート」)創設．
1971	4 息子のジャン＝クロード・デュヴァリエがハイチ大統領に(〜1986年)．
1986	ジャン＝クロード・デュヴァリエが出国．デュヴァリエ父子2代にわたる独裁政治に終止符．
1990	12 ジャン＝ベルトラン・アリスティドがハイチ初の民主的総選挙で大統領に当選．
1991	9 軍部のクーデタによりアリスティド大統領が亡命．米国軍を主力とする多国籍軍による「第2次軍事占領」．
1992	2 ローマ法王ヨハネ・パウロ2世が奴隷貿易について「神の赦しを請う」と表明．

1994	10 アリスティドが帰国.
2000	11 大統領選挙でアリスティドが当選(2 期目).
2001	5 フランス上下両院が「奴隷貿易と奴隷制度は人道に対する罪」と決議. 8 国連主催の「ダーバン会議」が「奴隷制度と奴隷取引は人道に対する罪」と決議.
2002	11 アリスティドがフランスに「返還と補償を求める」と表明.
2004	1 フランスで「フランス＝ハイチ関係についての独立調査提案員会」の報告書提出.
2005	4 ブラジルのルーラ・ダ・シルヴァ大統領が黒人に謝罪表明.
2007	3 イギリスのトニー・ブレア首相が奴隷貿易について遺憾の意を表明.
2008	7 米国下院が奴隷制度とアフリカ系アメリカ人に対する差別政策について謝罪決議. 翌年には米国上院も.
2010	1 ハイチの首都ポルトープランス周辺で大地震.「第 3 次軍事占領」.
2013	7「カリブ共同体・共同市場」(カリコム)が旧宗主国に謝罪と補償を要求.
2020	5 米国で〈Black Lives Matter〉(「黒人の命は大切だ」)を合言葉とする運動が起こる.
2021	7 ハイチでジョブネル・モイーズ大統領が暗殺される. 8 ハイチ南西部で大地震.

主要参考文献

全体に関するもの・はじめに

ジェームズ，シリル・ライオネル・ロバート『ブラック・ジャコバン──トゥサン＝ルヴェルチュールとハイチ革命』青木芳夫監訳，大村書店，1991年，増補新版，2002年

浜忠雄『ハイチ革命とフランス革命』北海道大学図書刊行会，1998年

浜忠雄『カリブからの問い──ハイチ革命と近代世界』岩波書店，2003年

浜忠雄『ハイチの栄光と苦難──世界初の黒人共和国の行方』刀水書房，2007年

山岡加奈子編『ハイチとドミニカ共和国──ひとつの島に共存するカリブ二国の発展と今』アジア経済研究所，2018年

Bourgeois, Michel, *Haïti, mythe ou réalité. Deux cents ans d'indépendance, 1804–2004*, L'Harmattan, 2014.（ミシェル・ブルジョワ『ハイチ，神話か現実か──独立の200年，1804–2004年』）

Nicholls, David, *From Dessalines to Duvalier. Race, Colour and National Independence in Haiti*, Cambridge U. P., 1979.（デイヴィッド・ニコルス『デサリーヌからデュヴァリエまで──ハイチにおける人種，色，独立』）

Popkin, Jeremy D., *A Concise History of the Haitian Revolution*, Wiley-Blackwell, 2012.（ジェレミー・D・ポプキン『ハイチ革命小史』）

Trouillot, Michel-Rolph, *Silencing the Past. Power and the Production of History*, Beacon Press, 1995.（ミシェル＝ロルフ・トゥルイヨ『過去を沈黙させる──権力と歴史の生産』）

第1章　ハイチ革命を生んだ世界史

アンチオープ，ガブリエル『ニグロ、ダンス、抵抗──17〜19世紀カリブ海地域奴隷制史』石塚道子訳，人文書院，2001年

池本幸三・布留川正博・下山晃『近代世界と奴隷制──大西洋システムの中で』人文書院，1995年

ウォーラーステイン，イマニュエル『近代世界システム 1730〜1840s──大西洋革命の時代』川北稔訳，名古屋大学出版会，1997年

川北稔『砂糖の世界史』岩波ジュニア新書，1996年

シャモワゾー，パトリック／ラファエル・コンフィアン『クレオールとは何か』西谷修訳，平凡社，1995年

ショダンソン，ロベール『クレオール語』糟谷啓介・田中克彦訳，白水社，2000年

主要参考文献

服部春彦「18 世紀におけるフランス対外貿易の展開過程」『京都大学文学部研究紀要』19 号，1979 年
服部春彦『フランス近代貿易の生成と展開』ミネルヴァ書房，1992 年
布留川正博『奴隷船の世界史』岩波新書，2019 年
ミンツ，シドニー・W『甘さと権力 ── 砂糖が語る近代史』川北稔・和田光弘訳，平凡社，1988 年
メイエール，ジャン『奴隷と奴隷商人』猿谷要監修，国領苑子訳，創元社，1992 年
モンテスキュー『法の精神』野田良之・稲本洋之助・上原行雄・田中治男・三辺博之・横田地弘訳，岩波文庫，1989 年
Cauna, Jacques, *Au temps des îsles à sucre. Histoire d'une plantation de Saint-Domingue au XVIIIe siècle*, KARTHALA, 1987.（ジャック・コナ『砂糖の島の時代 ── 18 世紀サン＝ドマングのプランテーションの歴史』）
Curtin, Philip D., *The Atlantic Slave Trade: A Census*, University of Wisconsin Press, 1969.（フィリップ・D・カーティン『大西洋奴隷貿易 ── 統計』）
d'Ans, André-Marcel, *Haïti. Paysage et société*, KARTHALA, 1987.（アンドレ＝マルセル・ダンス『ハイチ ── 景観と社会』）
Debien, Gabriel, "Les origines des esclaves des Antilles", *Bulletin de l'I.F.A.N.*, tome XXIX, série b, nos. 3-4, 1967.（ガブリエル・ドゥビアン「アンティル諸島の奴隷の出生地」）
Fick, Carolyne E., *The Making of Haiti. The Saint-Domingue Revolution from Below*, University of Tennessee Press, 1990.（キャロライン・E・フィック『ハイチの形成 ── 下からのサン＝ドマング革命』）
Hazareesingh, Sudhir, *Black Spartacus: The Epic Life of Toussaint Louverture*, Allen Lane, 2020.（サディール・ハザリーシン『ブラック・スパルタクス ── トゥサン・ルヴェルチュールの英雄的な生涯』）
Klein, Herbert S., *The Atlantic Slave Trade*, Cambridge U. P., 1999.（ハーバート・S・クライン『大西洋奴隷貿易』）
Pluchon, Pierre, *Vaudou, sorciers, empoisonneurs. De Saint-Domingue à Haïti*, KARTHALA, 1987.（ピエール・プリュション『ヴードゥー，魔術，毒盛り ── サン＝ドマングからハイチへ』）
Pluchon, Pierre, *Histoire de la colonisation française*, Fayard, 1991.（ピエール・プリュション『フランス植民地主義の歴史』）
Tarrade, Jean, *Le commerce colonial de la France à la fin de l'ancien régime, L'Evolution du 'l'Exclusif' de 1763 à 1789*, P. U. F., 1972.（ジャン・タラード『アンシャン・レジーム末期フランスの植民地貿易 ── 1763 年から 1789 年までの「排他制度」の展開』）
Thésée, Françoise, *Négociants bordelais et colons de Saint-Domingue*, Société

d'Histoire d'outre-mer, 1972.（フランソワーズ・テゼ『ボルドーの奴隷商人とサン＝ドマングのコロン』）

Thornton, John K., "'I Am the Subject of the King of Congo': African Political Ideology and the Haitian Revolution", *Journal of World History*, Vol. 4, No. 2, Fall 1993.（ジョン・K・ソーントン「「私はコンゴ国王の臣下である」――アフリカの政治的イデオロギーとハイチ革命」）

第 2 章　ハイチ革命とフランス革命

河野健二編『資料 フランス革命』岩波書店，1989 年

シーガル，ロナルド『ブラック・ディアスポラ――世界の黒人がつくる歴史・社会・文化』富田虎男監訳，明石書店，1999 年

ドナディウー，ジャン＝ルイ『黒いナポレオン――ハイチ独立の英雄トゥサン・ルヴェルチュールの生涯』大嶋厚訳，えにし書房，2015 年

浜忠雄「「カイマン森の儀式」の表象――ハイチ人の歴史意識」『北海学園大学人文論集』65 号，2018 年

浜忠雄「フランスにおける「黒人奴隷制廃止」の表象」『北海学園大学人文論集』66 号，2019 年

Les abolitions de l'esclavage, de L. F. Sonthonax à V. Schœlcher, 1793, 1794, 1848 (actes du colloque international tenu à l'Université de Paris VIII, les 3, 4 et 5 février, 1994), Press Universitaire de Vincennes et Editions UNESCO, 1995.（『奴隷制の諸廃止，L・F・ソントナクスからV・シュルシェールまで，1793 年，1794 年，1848 年』）

Archives Parlementaires de 1787 à 1860. Recueil complet des débats législatifs et politiques des Chambres françaises, fondé par Mavidal, Laurent et Blavel, 1e série (1787-1799).（『アルシーヴ・パルルマンテール，1787-1860 年――フランス議会による立法，政策論争集成』）

Bellegarde, Dantès, *Histoire du peuple haïtien, 1492-1952*, Held, 1953.（ダンテス・ベルギャルド『ハイチ人民の歴史，1492-1952 年』）

Benot, Yves, *La Révolution française et la fin des colonies*, La Découverte, 1988.（イヴ・ブノ『フランス革命と植民地の終焉』）

Benot, Yves, *La démence coloniale sous Napoléon*, La Découverte, 1992.（イヴ・ブノ『ナポレオンの下での植民地主義の狂気』）

Benot, Yves, "Comment la Convention a-t-elle voté l'abolition de l'esclavage en l'an II?", *Annales historiques de la Révolution française*, Année 1993.（イヴ・ブノ「国民公会はどのようにして共和暦 2 年に奴隷制の廃止を決議したのか」）

Biondi, Jean-Pierre / François Zuccarelli, *16 pluviôse an II. Les colonies de la Révolution*, Denoël, 1989.（ジャン＝ピエール・ビオンディ／フランソワ・

ジュカレッリ『共和暦2年雨月16日 ── フランス革命の植民地』)
Boule, Pierre H., "Les gens de couleur à Paris, à la veille de la Révolution", Michel Vovelle (dir.), *L'image de la Révolution française* (Communications présentées lors du congrès mondial pour le bicentenaire de la Révolution, Sorbonne, Paris, 6-12 juillet, 1989), t. 1, Publications de la Sorbonne, 1990. (ピエール・H・ブール「革命前夜パリの有色人」)
Césaire, Aimé, *Toussaint Louverture. La révolution française et le problème colonial*, Présence africaine, 1962. (エメ・セゼール『トゥサン・ルヴェルチュール ── フランス革命と植民地問題』)
Debien, Gabriel, *Les colons de Saint-Domingue et la Révolution. Essai sur le club Massiac, août 1789-août 1792*, Armand Colin, 1953. (ガブリエル・ドゥビアン『サン=ドマングのコロンと革命 ── マシャック・クラブに関する試論, 1789年8月～1792年8月』)
Decaen, Suzanne / Lynn Hunt / William Max Nelson, *The French Revolution in Global Perspective*, Cornell U. P., 2013. (スザンヌ・デカーン/リン・ハント/ウィリアム・マックス・ネルソン『グローバルな視野でのフランス革命』
de Lacroix, Pamphile, *Mémoires pour servir à l'histoire de la révolution de Saint-Domingue*, Paris, 1819, éd. par Pierre Pluchon sous le titre: *La révolution de Haïti*, KARTHALA, 1990. (パンフィル・ドゥ・ラクロワ『サン=ドマング革命史のためのメモワール』)
Dorigny, Marcel / Bernard Gainot, *La Société des Amis des Noirs, 1788-1799: Contribution à l'histoire de l'abolition de l'esclavage*, Unesco / Edicef, 1998. (マルセル・ドリニー/ベルナール・ゲノ『黒人の友の会, 1788-1799年 ── 奴隷制廃止の歴史への寄与』)
Dorigny, Marcel (dir.), *Esclavage,résistances et abolitions*, Edition de CTHS, 1999. (マルセル・ドリニー編『奴隷制度, レジスタンス, 廃止』)
Dubois, Laurent, *Avengers of the New World: The Story of the Haitian Revolution*, Belknap Press, 2004. (ロラン・デュボワ『新世界の復讐者 ── ハイチ革命物語』)
Fouchard, Jean, "Pourquoi Haïti? Où, quand et par qui fut choisi de redonner à notre patrie le nom indien d'Haïti", *Revue de la Société Haïtienne d'Histoire et de Géographie*, 145, 1984. (ジャン・フシャール「なぜハイチなのか ── 我が国にハイチという先住民の名が与えられたのは, どこで, いつ, 誰によってなのか」)
Frostin, Charles, *Les révoltes blanches à Saint-Domingue, aux XVIIe et XVIIIe siècles, Haïti avant 1789*, Edition de l'Ecole, 1975. (シャルル・フロスタン『17, 18世紀サン=ドマングでの白人の反乱. 1789年以前のハイチ』)
Gaffield, Julia (ed.), *The Haitian Declaration of Independence: Creation, Context,*

and Legacy, University of Virginia Press, 2015.（ジュリア・ガフィールド編『ハイチ独立宣言 ―― 創造，背景，遺産』）
Garran de Coulon, Jean Philippe, *Rapport sur les troubles de Saint-Domingue*, 4 vols., Paris, l'an V.（ジャン・フィリップ・ガラン・ドゥ・クーロン『サン＝ドマングの騒擾に関する報告』）
Geggus, David Patrick, "The Naming of Haiti", Geggus, *Haitian Revolutionary Studies*, Indiana U. P., 2002.（デイヴィッド・パトリック・ゲッガス「ハイチの命名」）
Métellus, Jean / Marcel Dorigny, *De l'esclavage aux abolitions, XVIIIe-XXe siècles*, Cercle d'Art, 1998.（ジャン・メテリュ／マルセル・ドリニー『奴隷制から廃止へ，18-20 世紀』）
Ott, Thomas O., *The Haitian Revolution, 1789-1804*, University of Tennessee Press, 1973.（トマス・O・オット『ハイチ革命，1789-1804 年』）
Pluchon, Pierre, *Toussaint Louverture. De l'esclavage au pouvoir*, L'Ecole, Editions Caraïbes, 1979.（ピエール・プリュション『トゥサン・ルヴェルチュール ―― 奴隷制から権力へ』）
Pluchon, Pierre, *Toussaint Louverture. Fils noir de la Révolution française*, Fayard, 1980.（ピエール・プリュション『トゥサン・ルヴェルチュール ―― フランス革命の黒人の申し子』）
Pluchon, Pierre, *Toussaint Louverture. Un révolutionnaire noir d'ancien régime*, Fayard, 1989.（ピエール・プリュション『トゥサン・ルヴェルチュール ―― アンシャン・レジームの黒人革命家』）
La Révolution française et l'abolition de l'esclavage. Textes et documents, 12 vols., EDHIS, 1969.（『フランス革命と奴隷制の廃止，史料集』）

第 3 章　先駆性ゆえの苦難

ウィリアムズ，エリック『コロンブスからカストロまで ―― カリブ海域史，1492-1969』1・2，川北稔訳，岩波書店，1978 年，岩波現代文庫，2014 年
植村邦彦『隠された奴隷制』集英社新書，2019 年
乙骨淑子作・滝平二郎絵『八月の太陽を』理論社，1966 年
スコット，ジェームズ・C『ゾミア ―― 脱国家の世界史』佐藤仁監訳，みすず書房，2013 年
浜忠雄「ハイチ革命と「西半球秩序」」『北海学園大学人文論集』42 号，2009 年
浜忠雄「ハイチ革命再考」『年報 新人文学』(北海学園大学大学院文学研究科)7 号，2010 年
浜忠雄「マリアンヌの表象」『北海学園大学人文論集』67 号，2019 年
樋口映美「フランス／ハイチ革命の記憶と自由黒人(1790 年代〜1830 年代)」

主要参考文献

『アメリカ社会の人種関係と記憶 ── 歴史との対話』彩流社，2021 年．初出は「アメリカ合衆国の公的記憶から消されるフランス／ハイチ革命の功罪 ── 自由黒人・奴隷蜂起・移住問題をめぐって」『専修人文論集』80 号，2007 年

Auguste, Yves L., *Haïti et les Etat-Unis, 1804-1862*, Editions Naaman, 1979.（イヴ・L・オーギュスト『ハイチと合衆国，1804-1862 年』）

Barros, Jacques, *Haïti. De 1804 à nos jours*, 2 vols. L'Harmattan, 1984.（ジャック・バロ『ハイチ ── 1804 年から現在まで』）

Bellegarde-Smith, Patrick, *Haiti: The Breached Citadel*, Westview Press, 1990.（パトリック・ベルギャルド＝スミス『ハイチ ── 破られた要塞』）

Bender, Thomas / Laurent Dubois / Richard Robinowitz, *Revolution! The Atlantic World Reborn*, D. Giles, 2011.（トマス・ベンダー／ロラン・デュボワ／リチャード・ロビノビッツ『革命！ 大西洋世界の再生』）

Bernardin, Ernst, *L'espace rural haïtien: Bilan de 40 ans d'exécution des programmes nationaux et internationaux de dévelopement,* (*1950-1990*), L'Harmattan, 1993.（エルンスト・ベルナルダン『ハイチの農村空間 ── 発展のための国内的・国際的プログラムの実施の 40 年(1950-1990 年)』）

Brown, Gordon S., *Toussaint's Clause. The Founding Fathers and the Haitian Revolution*, University Press of Mississippi, 2005.（ゴードン・S・ブラウン『トゥサンの問題 ── 建国の父祖たちとハイチ革命』）

Cabanis, André / Michel L. Martin, "L'indépendance d'Haïti devant l'opinion publique française sous le Consulat et l'Empire: ignorance et malentendus", Michel L. Martin / Alain Yacou (dir.), *Mourir pour les Antilles, indépendence nègre ou esclavage, 1802-1804*, Editions caribbéennes, 1991.（アンドレ・カバニス／ミシェル・L・マルタン「執政・帝政期フランスの公論におけるハイチ独立 ── 無知と諦め」）

Casimir, Jean, *The Caribbean: One and Divisible*, United Nations Economic Commission for The Latin America and the Caribbean, 1992.（ジャン・カジミール『カリブ海諸島 ── 単一にして分割可能』）

Chappey, Jean-Luc / Bernard Gainot / Guillaume Mazeau / Frédéric Régent / Pierre Serna, *Pour quoi faire la Révolution*, Agone, 2012.（ジャン＝リュック・シャペイ／ベルナール・ゲノ／ギヨーム・マゾ／フレデリック・レジャン／ピエール・セルナ『フランス革命は何をしたのか』）

Christophe, Marc A., "Ulrick Jean-Pierre's Cayman Wood Ceremony", *Journal of Haitian Studies*, Vol. 10, No. 2, Bicentennial Issue, Fall 2004.（マルク・A・クリストフ「ユルリック・ジャン＝ピエールのカイマン森の儀式」）

Clavin, Matthew J., *Toussaint Louverture and the American Civil War. The Promise and Peril of a Second Haitian Revolution*, University of Pennsylvania Press,

2010.（マシュー・J・クレイヴィン『トゥサン・ルヴェルチュールとアメリカ南北戦争──第2のハイチ革命の期待と危険』）

Dash, J. Michael, *Haiti and the United States: National Stereotypes in the Literary Imagination*, 2nd ed., Palgrave Macmillan, 1997.（J・マイケル・ダッシュ『ハイチと合衆国──想像力における国民的類型』）

Dayan, Joan, *Haiti, History, and Gods*, University of California Press, 1995.（ジョアン・ダヤン『ハイチ，歴史，神々』）

Dorigny, Marcel, *Révoltes et révolutions en Europe et aux Amériques*, Edition Belin, 2004.（マルセル・ドリニー『ヨーロッパと南北アメリカにおける反乱と革命』）

Dubois, Laurent, *Les esclaves de la République. L'histoire oubliée de la première émancipation, 1789–1794*, trad. de l'anglais par Jean-François Chaix, Calmann-Lévy, 1998.（ロラン・デュボワ『共和国の奴隷──第1次奴隷解放の忘れられた歴史，1789–1794年』）

Dupont, Berthony, *Jean-Jacques Dessalines. Itinéraire d'un révolutionnaire*, L'Harmattan, 2006.（ベルトニー・デュポン『ジャン＝ジャック・デサリーヌ──革命家の足跡』）

Geggus, David Patrick (ed.), *The Impact of the Haitian Revolution in the Atlantic World*, University of South Carolina Press, 2001.（デイヴィッド・パトリック・ゲッガス編『大西洋世界におけるハイチ革命のインパクト』）

Gómez, Alejandro E., *Le spectre de la Révolution noire: l'image de la Révolution haïtienne dans le monde atlantique, 1790–1886*, Presses Universitaires de Rennes, 2013.（アレハンドロ・E・ゴメス『黒人革命の妖怪──大西洋世界におけるハイチ革命のイメージ，1790–1886年』）

Gonzalez, Johnhenry, *Maroon Nation. A History of Revolutionary Haiti*, Yale U. P., 2019.（ジョンヘンリー・ゴンザレス『マルーン・ネイション──ハイチ革命の歴史』）

Hunt, Alfred N., *Haiti's Influence on Antebellum America. Slumbering Volcano in the Caribbean*, Lousiana State U. P., 1988.（アルフレッド・N・ハント『南北戦争前のアメリカへのハイチの影響──カリブ海の休火山』）

Kasel, Alex, "The Women of the Haitian Revolution", *Feminist*, 2022. (https://www.feminists.co)（アレックス・カーセル「ハイチ革命の女性たち」）

Leyburn, James G., *The Haitian People*, Yale U. P., 1941.（ジェームズ・G・レイバーン『ハイチの民衆』）

Plummer, Brenda G., *Haiti and the United States: The Psychological Moment*, University of Georgia Press, 1992.（ブレンダ・G・プランマー『ハイチと合衆国──心理的要因』）

Saint-Louis, Jose, *The Haitian Revolution in the Shaping of American Democracy*,

Llumina Press, 2008.（ホセ・サン＝ルイ『アメリカン・デモクラシーの形成におけるハイチ革命』）
Schœlcher, Victor, *Vie de Toussaint Louverture*, 1889, rep. KARTHALA, 1982.（ヴィクトル・シュルシェール『トゥサン・ルヴェルチュールの生涯』）
Schüller, Karin, "From Liberalism to Racism: German Historians, Journalists, and the Haitian Revolution from the late Eighteenth to the Early Twentieth Centuries", Geggus (ed.), *The Impact of the Haitian Revolution in the Atlantic World*.（カリン・シューラー「自由主義からレイシズムへ――18世紀後半から20世紀初頭までのドイツの歴史家，ジャーナリスト，ハイチ革命」）
Sheller, Mimi, *Democracy After Slavery: Black Publics and Peasant Radicalism in Haiti and Jamaica*, University Press of Florida, 2000.（ミミ・シェラー『奴隷制後の民主主義――ハイチとジャマイカにおける黒人大衆と農民の急進主義』）
Thélier, Gérard / Pierre Alibert, *Le grand livre de l'esclavage, des résistances et de l'abolition*, Orphie, 1998.（ジェラール・テリエ／ピエール・アリベール『奴隷制，レジスタンス，廃止に関する重要文献』）
Wargny, Christophe, "Haïti-Séisme : La tectonique de la misère", *Le Monde-Diplomatique Français*, Fév. 2010.（クリストフ・ヴァルニー「ハイチ地震――悲惨の地層」）
Wargny, Christophe, *Haïti n'existe pas: 1804-2004, deux cents ans de solitude*, Autrement, 2004.（クリストフ・ヴァルニー『ハイチは存在しない――1804-2004年，200年の孤立』）
Yacou, Alain (éd.), *Bolivar et les peuples de Nuestra America. Des sans-culottes noirs au libertador*, Press Universitaire de Bordeaux, 1990.（アラン・ヤクー編『ボリーバルと我らのアメリカの人民――黒いサン＝キュロットから解放者へ』）
Young, Courtney, "Painting Mystery and Memory: Bois Caïman in Visual Art" (https://sites.duke.edu/blackatlantic/sample-page/storytelling-and-representation-of-bois-caiman/painting-and-bois-caiman)（コートニー・ヤング「絵画の謎と記憶――視覚芸術のなかのカイマン森」）

第4章　帝国の裏庭で

（1　リンカーンによるハイチ承認）

川島正樹編『アメリカニズムと「人種」』名古屋大学出版会，2005年
貴堂嘉之『南北戦争の時代』岩波新書，2019年
清水忠重『アメリカの黒人奴隷制論――その思想史的展開』木鐸社，2001年
中條献『歴史のなかの人種――アメリカが創り出す差異と多様性』北樹出版，

2004年
浜忠雄「リンカーンの黒人植民構想とハイチ承認」『北海学園大学人文論集』53号，2012年
『リンカーン演説集』高木八尺・斉藤光訳，岩波文庫，1957年
Briggs, Cyril, "The American Race Problem", *The Crusader*, New York, Vol. 1, No. 1-4, Sept.-Dec. 1918.（http://www.marxisthistory.org）（シリル・ブリッグス「アメリカの人種問題」）
Fehrenbacher, Don E., *The Slaveholding Republic: An Account of the United States Government's Relations to Slavery*, Ward M. McAfee, 2001.（ドン・E・フェーレンバッチャー『奴隷所有共和国 ── 合衆国政府と奴隷制の関係に関する考察』）
Foner, Eric, "Lincoln and colonization", Foner（ed.）, *Our Lincoln: New Perspectives on Lincoln and His World*, W. W. Norton, 2008.（エリック・フォーナー「リンカーンと植民」）
Gates Jr., Henry Louis, "Abraham Lincoln on Race & Slavery", Henry Louis Gates Jr. / David Yacovone, *Lincoln on Race & Slavery*, Princeton U. P., 2009.（ヘンリー・ルイス・ゲイツJr.「エイブラハム・リンカーンの人種・奴隷制論」）
Lockett, James D., "Abraham Lincoln and Colonization: An Episode That Ends in Tragedy at L'Ile à Vache, Haiti, 1863-1864", *Journal of Black Studies*, Vol. 21, No. 4, June 1991.（ジェームズ・D・ロケット「エイブラハム・リンカーンと植民 ── ハイチ・ヴァシュ島での悲劇で終わったエピソード，1863-1864年」）
Magness, Phillip W., "The Île à Vache: From Hope to Disaster", *The New York Times*, 2013/04/12.（フィリップ・W・マグネス「ヴァシュ島 ── 期待から絶望へ」）
Magness, Phillip W. / Sebastian N. Page, *Colonization after Emancipation: Lincoln and the Movement for Black Resettlement*, University of Missouri Press, 2011.（フィリップ・W・マグネス／セバスティアン・N・ペイジ『奴隷解放後の植民 ── リンカーンと黒人植民のための運動』）
Morgan, Robert, "The 'Great Emancipator' and the Issue of Race. Abraham Lincoln's Program of Black Resettlement", *Journal of Historical Review*, Sept.-Oct. 1993, Vol. 13, No. 5.（ロバート・モーガン「「偉大な解放者」と人種の問題 ── エイブラハム・リンカーンの黒人植民計画」）
Page, Sebastian N., "Lincoln and Chiriqui Colonization Revisited", *American Nineteenth Century History*, Vol. 12, No. 3, 2011.（セバスティアン・N・ペイジ「リンカーンとチリキ植民・再考」）
Paludan, Philip Shaw, "Lincoln and Colonization: Policy or Propaganda?", 2004.

(http://quod.lib.umich.edu/j/jala/2629860.0025.104?rgn=main;view=fulltext)(フィリップ・ショウ・パルダン「リンカーンと植民 ── 政策かプロパガンダか」)

Pickett, William P., *The Negro Problem: Abraham Lincoln's Solution*, 1909, rep. Biblio Bazaar, 2009.(ウィリアム・P・ピケット『黒人問題 ── エイブラハム・リンカーンの解決』)

Scheips, Paul J., "Lincoln and the Chiriqui Colonization Project", *Journal of Negro History*, Vol. 37, No. 4, Oct. 1952.(ポール・J・シェイプス「リンカーンとチリキ植民計画」)

Welch, Graham D., "Île à Vache and Colonization: The Tragic End of Lincoln's 'Suicidal Folly'", *The Gettysburg College Journal of the Civil War Era*, Vol. 4, Article 5, 2014.(グラハム・D・ウエルチ「ヴァシュ島と植民 ── リンカーンの「自滅的愚行」の悲劇的結末」)

(2 アメリカ合衆国によるハイチ占領)

北原仁『占領と憲法 ── カリブ海諸国,フィリピンそして日本』成文堂,2011年

浜忠雄「ハイチ史における植民地責任 ── 「アメリカによる軍事占領」をとおして」『北海学園大学学園論集』147号,2011年

樋口映美監修『アメリカの奴隷制を生きる ── フレデリック・ダグラス自伝』専修大学文学部歴史学科南北アメリカ史研究会訳,彩流社,2016年

ミンツ,シドニー・W『聞書 アフリカン・アメリカン文化の誕生 ── カリブ海域黒人の生きるための闘い』藤本和子編訳,岩波書店,2000年

Blancpain, François, *Un siècle de relations financières entre Haïti et la France, 1825-1922,* L'Harmattan, 2001.(フランソワ・ブランパン『ハイチ=フランス間の財政関係の1世紀,1825-1922年』)

Blancpain, François, *Haïti et les Etats-Unis, 1915-1934, Histoire d'une occupation*, L'Harmattan, 1999.(フランソワ・ブランパン『ハイチと合衆国,1915-1934年,占領の歴史』)

Bunce, Peter, *Foundations on Sand: An Analysis of the First United States Occupation of Haiti, 1915-1934*, 1995.(http://www.globalsecurity.org/)(ピーター・バンス『砂上の楼閣 ── 合衆国による第1次ハイチ占領,1915-1934年』)

Danticat, Edwidge, "The Long Legacy of Occupation of Haiti", *The New Yorker*, July 28, 2015.(エドウィージ・ダンティカ「ハイチ占領の長びく遺産」)

Douglass, Frederic, "Lecture on Haiti" The Haitian Pavilion dedication ceremonies delivered at the World's Fair, in Jackson Park, Chicago, Jan. 2d. 1893. (https://www.loc.gov/resource/lcrbmrp.t2019/?st=gallely)(フレデリック・ダグラス「ハイチについての講演」)

Douyon, Frantz, *Haïti, de l'indépendance à la dépendance*, L'Harmattan, 2004.（フランツ・ドゥヨン『ハイチ，独立から従属へ』）
Dupuy, Alex, *Haiti in the World Economy. Class, Race, and Underdevelopment since 1700*, Westview Press, 1989.（アレックス・デュピュイ『世界経済のなかのハイチ ― 1700 年以降の階級，人種，低開発』）
Hurbon, Laënnec, *Comprendre Haïti. Essai sur l'état, la nation, la culture*, KARTHALA, 1987.（ラエネック・ユルボン『ハイチを理解する ― 国家，国民，文化に関する試論』）
Jackson, Maurice / Jacqueline Bacon, *African Americans and the Haitian Revolution: Selected Essays and Historical Documents*, Routledge, 2010.（モーリス・ジャクソン／ジャクリーヌ・ベイコン『アフリカン・アメリカンとハイチ革命 ― 試論と歴史資料』）
Lundahl, Mats, "The Roots of Haitian Underdevelopment", Charles R. Foster / Albert Valdman (eds.), *Haiti. Today and Tomorrow. An Interdisciplinary Study*, University Press of Amer, 1984.（マッツ・ルンダール「ハイチの低開発の根源」）
Lundahl, Mats, *Poverty in Haiti. Essays on Underdevelopment and Post Disaster Prospects*, Palgrave Mamillan, 2011.（マッツ・ルンダール『ハイチの貧困 ― 低開発と大震災後の展望に関する試論』）
Millspaugh, Arthur C., *Haiti under American Control, 1915–1930*, 1931, rep. Negro U. P., 1970.（アーサー・C・ミルズパーフ『アメリカ支配下のハイチ，1915–1930 年』）
Nesbitt, Nick, *Universal Emancipation: The Haitian Revolution and the Radical Enlightenment*, University of Virginia Press, 2008.（ニック・ネスビット『普遍的解放 ― ハイチ革命と急進的啓蒙運動』）
Owada, Eiko, *Faulkner, Haiti, and Questions of Imperialism*, Sairyusha, 2002.（大和田英子『フォークナー，ハイチ，帝国主義の問題』）
Pilger, John, "The Kidnapping of Haiti", *Green Left*, 28 January 2010.（ジョン・ピルジャー「ハイチの誘拐」）
Plummer, Brenda Gayle, *Haiti and the Great Powers, 1902–1915*, Louisiana State U. P., 1988.（ブレンダ・ゲイル・プランマー『ハイチと列強，1902–1915 年』）
Renda, Mary A., *Taking Haiti. Military Occupation & the Culture of U. S. Imperialism, 1915–1940*, University of North Carolina Press, 2001.（メアリー・A・レンダ『ハイチの奪取 ― 軍事占領と合衆国の帝国主義の文化，1915–1940 年』）
Rodman, Selden, *Where Art Is Joy. Haitian Art, The First Forty Years*, Ruggles de Latour, 1995.（セルデン・ロドマン『芸術が喜びである処 ― ハイチアー

ト，最初の 40 年』）
Schmidt, Hans, *The United States Occupation of Haiti, 1915–1934*, Rulgers U. P., 1971, Second Printing, 1995.（ハンス・シュミット『合衆国のハイチ占領，1915–1934 年』）
Sundquist, Eric J., *Frederick Douglass. New Literary and Historical Essays*, Cambridge U. P., 1990.（エリック・J・サンドキスト『フレデリック・ダグラス ── 新知見と歴史的考察』）
Weinstein, Brian / Aaron Segal, *Haiti. Political Failure, Cultural Successes*, Praeger Publishers Inc., 1984.（ブライアン・ワインスタイン／アーロン・シーガル『ハイチ ── 政治の失敗，文化の成功』）

第 5 章　ハイチ革命からみる世界史

スノーデン，フランク・M『疫病の世界史(上) 黒死病・ナポレオン戦争・顕微鏡』桃井緑美子・塩原通緒訳，明石書店，2021 年
遅塚忠躬『史学概論』東京大学出版会，2010 年
中川久定『啓蒙の世紀の光のもとで ── ディドロと〈百科全書〉』岩波書店，1994 年
西山俊彦『カトリック教会と奴隷貿易 ── 現代資本主義の興隆に関連して』サンパウロ，2005 年
バック＝モース，スーザン『ヘーゲルとハイチ ── 普遍史の可能性に向けて』岩崎稔・高橋明史訳，法政大学出版局，2017 年
浜忠雄「ハイチによる「返還と補償」の要求」永原陽子編『「植民地責任」論 ── 脱植民地化の比較史』青木書店，2009 年
浜忠雄「ジロデ＝トリオゾンの作品における身体表象 ── レイシズム，ネイション，ジェンダー」『北海学園大学学園論集』155 号，2013 年
浜忠雄「『両インド史』における歴史認識の諸問題」『北海学園大学学園論集』157 号，2013 年
平野千果子『人種主義の歴史』岩波新書，2022 年
ヘーゲル，ゲオルク・ヴィルヘルム・フリードリヒ『精神現象学』長谷川宏訳，作品社，1998 年
見市雅俊「開発原病の世界史」『岩波講座 世界歴史 17　環大西洋革命』岩波書店，1997 年
Aristide, Jean-Bertrand / Christophe Wargny, *Aristide: An Autobiography*, Orbis Book, 1993.（ジャン＝ベルトラン・アリスティド／クリストフ・ヴァルニー『アリスティド ── 自伝』）
Bellenger, Sylvain, *Girodet. 1767–1824*, Gallimard, Musée du Louvre Edition, 2005.（シルヴァン・ベランジェ『ジロデ，1767–1824 年』）
Benot, Yves, *Diderot, de l'athéisme à l'anticolonialisme*, François Maspéro, 1970.

(イヴ・ブノ『ディドロ，無神論から反植民地主義へ』)
Crow, Thomas, *Emulation: David, Drouais and Girodet in the Art of Revolutionary France*, Yale U. P., 2006.（トマス・クロウ『競い合い ― 革命期フランス美術のなかのダヴィッド，ドゥルエ，ジロデ』)
Debray, Régis, *Haïti et la France. Rapport à Dominique de Villepin, Ministre des Affaires étrangères*, La Table Ronde, 2004.（レジス・ドゥブレ『ハイチとフランス ― ドミニク・ドゥ・ヴィルパン外相への報告』)
Grisby, Darcy Grimaldo, *Extremities. Painting Empire in Post-Revolutionary France*, Yale U. P., 2002.（ダルシー・グリマルド・グリスビー『最先端 ― フランス革命後の絵画の帝国』)
Honour, Hugh, *L'image du noir dans l'art occidental. De la Révolution américaine à la première guerre mondiale*, Gallimard, 1989.（ユー・オヌール『西洋絵画のなかの黒人のイメージ ― アメリカ革命から第1次世界大戦まで』)
Mercier, Louis-Sébastien, *L'an deux mille quatre cent quarante, rêve s'il en fût jamais, suivi de l'homme de fer songe*, 1771.（ルイ＝セバスティアン・メルシエ『2440年 ― 鉄人が語る稀代の夢』)
Métral, Antoine, *Histoire de l'expédition des français à Saint-Domingue sous le Consulat et Napoléon Bonaparte, 1802-1803*, 1825, rep. KARTHALA, 1985.（アントワーヌ・メトラル『執政政府およびナポレオン・ボナパルト期サン＝ドマングへの派兵の歴史，1802-1803年』)
Raynal, Guillaume-Thomas François, *Histoire philosophique et politique des établissements et du commerce des Européens dans les Deux Indes*, 1e éd., 1770; 2e éd., 1774; 3e éd., 1780.（ギヨーム＝トマ・フランソワ・レナール『東西両インドにおけるヨーロッパ人の建設と通商に関する哲学的・政治的歴史』．大津真作訳『両インド史』法政大学出版局，『東インド篇／上巻』2009年，『東インド篇／下巻』2011年，『西インド篇／上巻』2015年)
Roussier, Paul, *Lettres du général Leclerc: Commandant en chef de l'armée de Saint-Domingue en 1802*, Librairie Ernest Leroux, 1937.（ポール・ルシエ『ルクレール将軍書簡集 ― 1802年サン＝ドマング派遣軍の総司令官』)
Tavarès, Pierre Franklin, "Le jeune Hegel, Lecteur de l'abbé Raynal", Lecture delivered at the *Conférence au Collège de France*, January 1996.（ピエール・フランクリン・タヴァレス「若きヘーゲル ― レナール神父の読者」)
Wolpe, Hans, *Raynal et sa machine de guerre. L'Histoire des Deux Indes et ses perfectionnement*, Stanford U. P., 1957.（ハンス・ヴォルプ『レナールと戦争機械 ― 両インド史とその極致』)

図表出典一覧

巻頭地図……浜忠雄『カリブからの問い』2-3 頁
第 1 章扉……Wikimedia Commons (Bdx 氏撮影)
図 1-1, **図 1-2**, **図 2-4**……Bertrand Guillet, *La Marie-Séraphique, navire négrier*, MeMo, 2009, p. 111 / pp. 18, 91 / p. 173.
図 1-3……Slavery Images (www.slaveryimages.org)
図 1-4, **図 2-2**, **図 2-7**, **図 2-8**, **図 2-10**……Jean Métellus / Marcel Dorigny, *De l'esclavage aux abolitions, XVIIIe–XXe siècles*, pp. 20–21 / p. 25 / p. 121 / p. 119 / p. 33.
第 2 章扉……Paul Roussier, *Lettres du général Leclerc*, p. 287.
図 2-1……https://www.academiebelgium.be/wp-content/uploads/2019/04/Haiti-Rép.-dominic..pdf
図 2-3……浜忠雄『ハイチ革命とフランス革命』図 17 をもとに作成．作図：前田茂実
図 2-5 上……*La Révolution française et l'abolition de l'esclavage. Textes et documents*, t. 1.
図 2-5 下……メトロポリタン美術館
図 2-6……フランス国立公文書館
図 2-9, **図 2-11**, **図 3-12**, **図 3-13**, **図 5-2**……フランス国立図書館
図 2-12……Jeremy D. Popkin, *A Concise History of the Haitian Revolution*, p. 136.
第 3 章扉上……Wikimedia Commons (Rémi Kaupp 氏撮影)
第 3 章扉下……Alamy Stock Photo / amanaimages
図 3-1, **図 3-2 下**, **図 3-7**, **図 3-8**……ニューヨーク公共図書館
図 3-2 上, **図 3-3**, **図 3-4**, **図 3-6**, **第 4 章扉**, **図 4-3**, **第 5 章扉**……Wikimedia Commons
図 3-5……Courtney Young, "Painting Mystery and Memory: Bois Caïman in Visual Art" (https://sites.duke.edu/blackatlantic/)
図 3-9……東京都立図書館
図 3-10……Wikimedia Commons (Pierre-Yves Beaudouin 氏撮影)
図 3-11……アメリカ議会図書館 (Carol M. Highsmith Archive)
図 4-1……アメリカ国立公文書館
図 4-2……Mary A. Renda, *Taking Haiti* 表紙
図 5-1……123RF

表 1-1……服部春彦「18 世紀におけるフランス対外貿易の展開過程」23, 24, 30, 31 頁をもとに作成.

表 1-2……Jean Tarrade, *Le commerce colonial de la France à la fin de l'ancien régime*, t. 1, p. 34 をもとに作成.

表 1-3……Pierre Pluchon, *Vaudou, sorciers, empoisonneurs*, p. 307 をもとに作成.

表 1-4……Pierre Pluchon, *Histoire de la colonisation française*, p. 1015 をもとに作成.

表 1-5……Philip D. Curtin, *The Atlantic Slave Trade*, pp. 119, 216 をもとに作成.

表 1-6……Gabriel Debien, "Les origines des esclaves des Antilles", p. 556 をもとに作成.

表 1-7……Françoise Thésée, *Négociants bordelais et colons de Saint-Domingue*, pp. 225-228 をもとに作成.

表 3-1……Jacques Barros, *Haïti. De 1804 à nos jours*, t. 1, p. 344 をもとに作成.